柏村 祐司／半田 久江
宇都宮伝統文化連絡協議会［編］

ふる里の和食

宇都宮の伝統料理

JN147056

随想舎

はじめに

2015年ユネスコの世界無形文化遺産に「和食：日本人の伝統的な食文化」が登録され、その特徴として「多様で新鮮な食材とその持ち味の尊重」、「栄養バランスに優れた健康的な食生活」、「自然の美しさや季節の移ろいの表現」、「正月等の年中行事との密接な関わり」が指摘されている。豊かな自然の中で、繊細な気質の持ち主の日本人の手で長年培われてきた、欧米などにはない独特の日本の食文化が評価された。誠に喜ばしく誇りに思う。

しかし、今の日本を見回してみると、こうしたわが国の食文化が、次世代を担う若い人たちに十分に伝承されているとは言い難い。今やすっかり日本にも定着してしまったファーストフードや外食産業の普及は、わが国の伝統的な食文化を大きく変革させており、核家族化は、伝統的な食文化の継承を著しく難しくしている。ということはユネスコの世界無形文化遺産へ登録されたことを単純に喜んでいる余裕などない。むしろ、「和食：日本人の伝統的な食文化」の世界文化遺産登録は、日本人の伝統的な食文化の継承に関して警告を発しているようなものであり、今や先人が築いてきた日本人の伝統的な食文化を日本人自らが見直さなければならない時期に来ているともいえる。

ところで我ふるさとの食文化は、どうであろうか。宇都宮には正月に作られる芋汁や芋田楽などの芋料理、凍てつく寒さの中で作られるサガンボの煮付、二月初午に欠かせないしもつかれ、田植え時のニシン料理、盆の時期挽きたての小麦粉を利用した炭酸まんじゅうやチタケうどん、羽黒山の梵天祭りのご馳走である鮎のくされ鮨、秋まつりにはかんぴょうを用いた海苔巻き鮨や稲荷鮨、収穫したての里芋を用いた芋煮しめなどがある。これらは年中行事との関わりが深く、かつ自然の美しさや季節の移ろいを表すなど豊かな食文化が息づいてきた。しかし前にも述べたようにこうした宇都宮を特徴づける食文化も近年伝承が危うくなっている。

本書は従来のレシピ中心主義的な料理本に終始することなく、宇都宮の伝統料理のレシピはもとより、どのような意味を持って作られ伝承されてきたのかなど、祭りや年中行事をからめて説明を加えたものである。

宇都宮の食文化を深く理解していただきたいとの願いを込めて作成したものであり、市民の方々に広く利用され、ふるさとの食文化が次の世代へ少しでも継承され、また、伝統料理の継承を通じて家族の絆の強化、地域の活性化がはかることができたらと切に思う。

最後に本書の発行にご便宜を図っていただいた有限会社随想舎社長の卯木伸男氏、ならびに調査に際しご協力いただいた市民の皆様方に厚く感謝申し上げる次第である。

2015年7月吉日
宇都宮伝統文化連絡協議会顧問
柏村　祐司

目　次

I

伝統料理と祭り・年中行事

人々の暮らしは、普段の日の暮らしの間に適度に普段とは異なった特別な日の暮らしがあって成り立っている。例えば普段の日とは、仕事に励み生活の糧を得る日であり、一方、特別な日とは、伝統的なものでは仕事を休み祭りや年中行事、結婚式や葬式などの儀式が行われる日である。もっとも近年では、こうした伝統的なものは廃れつつあり、新たに加わった日曜･祝祭日などの休日、誕生日、学校の運動会、遠足、さらにはクリスマスなども加わり、普段とは異なった特別な日も多彩となっている。

ところで、伝統料理は、普段の日の食事よりは特別の日の食事に由来することが多い。なぜならば普段の日の食事は、日々の生活と密着し、調理にかける時間の短縮や外国からの新しい料理方法の移入などとともに変化しており、他方、特別な日、特に祭りや年中行事における食事は、多少調理用具が変わったとしても材料や作り方において根本的に変わることは少なく、伝統料理が今なお息づいている場合が多い。ただし、結婚式や葬式は、多くの場合業者にゆだねるところから、そうした儀式における伝統料理は廃れつつある。

仕事に追いまくられる日々の暮らしにあって、時折行われる祭りや年中行事などは、仕事から解放され、その上普段は馴染みの薄いお酒やご馳走を食べ、体を癒すことができた貴重ないっときでもある。祭りの基本は、人々の心身の再生をはかる時でもある。

1. 祭りになぜご馳走が作られるのか

祭りとは時を定めてやって来る神様に願い事を聞いていただくものである。神様をお迎えするには、迎える場所を掃き清めてケガレのない場所にすることである。掃き清めた後は、神様をお迎えすべきケガレのない浄い場所を示す注連飾りを飾り、祭りの場所であることを示す目印の旗や幟等を立てる。一方、祭りを執り行う人は、

のぼりは神様を招く目印

水を浴び身を清める

普段の仕事をせずに、ひたすらケガレを取り除くために精進潔斎して身を清める。

やって来た神様にお願いごとを聞いていただくためには、神様が快く楽しんでいただくための「おもてなし」が肝心である。そのために取られる手段が、お酒やご馳走を振る舞うことであり、芸能をお見せすることである。しかし単に供物を神前に供えるだけでは本当のおもてなしとはいえない。お酒やご馳走を神様と祭り人とが一緒になっていただくことが大事なことである。

つまり、やってきた神様をおもてなしするためには神様も神様を迎える人も十分味わい深く楽しむことのできる食事、いわゆるご馳走が作られるというわけである。そのご馳走とは、仕事に追われ多忙な普段の生活の中では作り食べ

神前への供物…ご馳走でのおもてなし

田楽舞の奉納…芸能でのおもてなし

ることのできないものである。そのためには、材料を選び、手間をかけて作ったものであり、そうしたことからご馳走は、普段とは変わったものであるところから「変わりもの」ともいわれた。

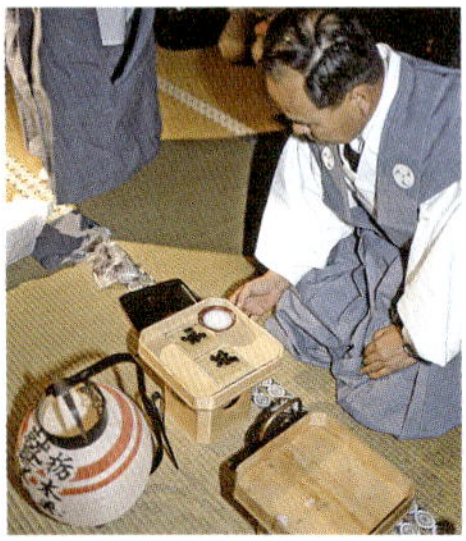

神前に供えた甘酒と黒豆をいただく

赤飯と芋汁をいただく

手作りの甘酒をいただく

祭りと占い

Column

時を定めてやって来た神様に、願い事を聞いていただくために、精いっぱいのおもてなしをした後、神様のご意見を窺わなければならない。実はこのことが祭りにとって一番大事なことである。

ところで神様は直接願い事に対する結果を示すことは無く、間接的に示してくれる。その一つが占いであり、代表的なものに相撲、綱引き、流鏑馬、粥占いなどがある。例えば相撲は二つの集落の代表者が相撲を取り、勝った方の集落は豊作、負けた方の集落は不作、綱引きも同じで二つの集落が互いに綱を引きあい勝った方が豊作、負けた方が不作と占いの結果が出たというわけである。一方、流鏑馬は三つの的をそれぞれ早生、中生、奥手になぞらえ、射ぬいた的によりその年の作物の豊凶を占うものであり、粥占いは粥の中にアシ等を束ねて入れ、どのアシの筒に粥が入ったかによって作物の豊凶を占うものである。しかし、現在、こうした神様の思し召しをうかがうまで執り行っている祭りは数少ない。

流鏑馬　どの的に矢が当るかで豊作を占う

弓引き神事　的に当て悪霊退散を願う

2. 祭りに見る伝統料理

酒・餅・赤飯は、大切な供物

酒や餅、赤飯は、祭りにおいて神様をもてなすための代表的な供物である。酒、いわゆる日本酒をお神酒ともいうのは、神様への最高の供物であることを言いあらわしたものに他ならない。酒はアルコールを含み、飲む人の精神状態を高揚させ、酒を酌み交わす者に一体感をもたらす。そうしたことから神様と人との一体感をももたらすと考えられ、供物として欠かせないものとなった。

餅や赤飯は、ともにもち米を用いたものである。もち米は、普通のご飯の材料であるうるち米に比べ収量が劣るが美味である。そうしたもち米に対するあこがれは古くからあったに違いない。しかし、もち米は、うるち米でご飯を炊くのに比べ手間がかかる。餅も赤飯も、蒸篭で蒸かすが、これにはもち米を水に浸し、水分を十分含ませてからでないとよく蒸すことができない。そこで普段はうるち米を食べるが、祭りにはもち米を、となったと思われる。また、蒸したもち米を臼で搗いた餅は、蒸しただけのものに比べ一味違い、保存も効く。焼くだけで簡単に食べることのできる餅は、原則、日常茶飯な仕事をしない祭りの間の格好な食べ物ともなった。

赤飯はオコワともいわれ、うるち米のご飯に比べ粘着性に富む。温かな赤飯の味はまた格別で、ゴマ塩をかけることにより一層美味となる。色が赤いのは、ササゲとその煮汁を入れたことにより着色されるが、「赤」は、日本人にとって目出度い色とされ、その点でも赤飯は祭りの供物にふさわしい。（赤飯の作り方等については「二月初午としもつかれ」参照）

祭りに付きもの、甘酒と煮しめ

鎮守社の祭りを通称「甘酒祭り」といっている所があるが、甘酒が

レシピ1 煮しめ

● **材料 4人分**

里芋…………中10個
大根…………… 400g
人参……………… 1本
ゴボウ………… 100g
シイタケ………… 50g
こんにゃく………100g
インゲン………… 50g
ちくわ…………… 2本
さつま揚げ……… 2枚

● **調味料**

醤油………… 大さじ4
みりん………1/2カップ
砂糖………… 大さじ1
だし汁……… 3カップ

十五夜に供えた煮しめ

作り方

1 シイタケの軸を取り除き大きければ半分のそぎ切り、大根は半月切り、里芋、人参、ゴボウは乱切りにし、ゆでこぼす。

2 こんにゃくは、短冊形に切り手綱に形づくり、さっとゆでる。

3 ちくわ、さつま揚げは、ひと口大の大きさに切る。

4 インゲンは青くゆで3cmに切る。

5 1、2、3を鍋に入れ調味料を加え、途中ゆっくりかき混ぜながら煮含める。

6 5が煮えたらインゲンを加え煮あげる。

煮しめの材料

人参は乱切りにする

短冊形に切ったこんにゃくをねじる

シイタケの芯を取り除く

振る舞われるからである。現在のように多様な飲食物に恵まれず、特に糖分の効いた甘い飲食物が貴重であった時代、甘酒は、格好な飲み物であった。アルコール発酵を伴う酒は、高度な技術を必要とするが、アルコール発酵を伴わない甘酒は比較的簡単に作ることができる。そこで酒は供物として供えるくらいにして、人々が飲むのは甘酒としたものである。甘酒の材料は、米（うるち米・もち米でも）と麹である。麹は酒だけでなく味噌や醤油作りにもなくてはならないものであるから、大きな町には麹屋があった。したがって甘酒を作る時、米は氏子たちから均等に集め、麹は麹屋から購入したもので作るのが一般的だった。米を粥状に炊き、そこによくほぐした麹を入れかき混ぜる。これらを容器に入れたまま50度から60度で一晩保温するとできあがる。

古賀志町の滝神社の祭り組では、毎年正月の祭礼の後に当番引き継ぎ式を行っているが、この引き継ぎ式に甘酒を飲む風習がある。祭礼の後、本当番宿の座敷に本当番と次年度当番、その他氏子たちが座し、甘酒を全員が椀で5杯から7杯飲む儀式がある。飲み終ったところで当番引き継ぎ式の核心部である祭り関係の証文の引き渡しが行われるという次第である。甘酒を強要するわけであるから一種の強飯式であるが、甘酒を何杯も飲む風習は、祭りに甘酒が付き物とはいえ珍しい。

さて、一方の煮しめであるが、主な材料は、里芋、大根、人参、かんぴょう、シイタケ、こんにゃくなど多くは醤油味で煮つけたものである。近年はさつま揚げやちくわなどを入れる場合が多い。祭りのご馳走といえば、煮しめといわれるくらい作られるもので、赤飯との取り合わせがまたすこぶる美味でもある。煮しめは村祭りの他、各家々で行う年中行事や葬式・結婚式の振る舞いでも作られ、また、「芋煮しめ」ともいわれるように里芋が必ず用いられる。

羽黒山の梵天祭りと鮎のくされ鮨

11月23日は、今里の羽黒山神社で梵天祭りが行われる。この日、鬼怒川沿いの下小倉や上小倉、今里では、鮎のくされ鮨を食べる風習がある。鮎のくされ鮨は、もともと夏の間田んぼの水口に仕掛けた筌で捕えたドジョウを用いたものであるが、農薬の使用などでドジョウが捕れなくなってからは鬼怒川で捕れる鮎を用いるようになった。

鮎のくされ鮨は、ご飯の乳酸発酵を利用したものである。鮨は本来乳酸発酵を利用して魚を保存し、発酵により魚に独特の味が着いた、つまり馴れたところで魚だけを食べた魚の保存食である。これには半年から1年ほどかかるが、鮎のくされ鮨は、乳酸発酵途中で取り出し、ご飯と鮎とをともにいただくものである。現在、一般的な鮨は、ご飯に醸造酢を混ぜてご飯の味を整えるが、鮎のくされ鮨は、醸造酢以前の古風な鮨である。現在、栃木県内では下小倉、上小倉、今里、ならびにさくら市押上などで作られる貴重なものである。

今里宿内でひとしきり梵天をもむ

山頂は登ってきた参詣者で賑わう

レシピメモ

レシピ2 鮎のくされ鮨

できあがった鮎のくされ鮨

● **材料**

米　1升とした場合

大根……………… 1kg

鮎……………… 500g

（7月中旬頃に捕えた鮎がよい。背割りして内臓を取り出してから甕などに入れて塩漬けにする。内側の黒い部分をよく取り除くこと。十分でないと漬け込んだ際にご飯が黒く色づく。塩の量は、鮎10匹に対し一握りくらい。すしに漬ける10日ほど前に十分水洗いをして塩抜きする）

塩………………… 30g

● **作り方**

1　米1升をといで30分程おいてから炊く（できればガス釜が良い）。

2　鮎は背びれ・尾びれを取り、縦半分に切り、さらにひと口大に切る。

3　大根は千切りにし塩をまぶし軽く混ぜておく。

4　炊きあがったご飯は水でよく洗い流し糊分を取り除き、ボールに移す。

5　鮎・大根・ご飯をよく混ぜ合わせる。

6　漬け込む桶は熱湯で消毒してから水でよく洗っておく。

7　5を桶に詰めて重石を60kg位乗せて8日間位おくと独特の臭気を発するので桶を逆さにして重石をのせて2日間位おいて水を切るとできあがる。

鮎を背の方から切り裂く

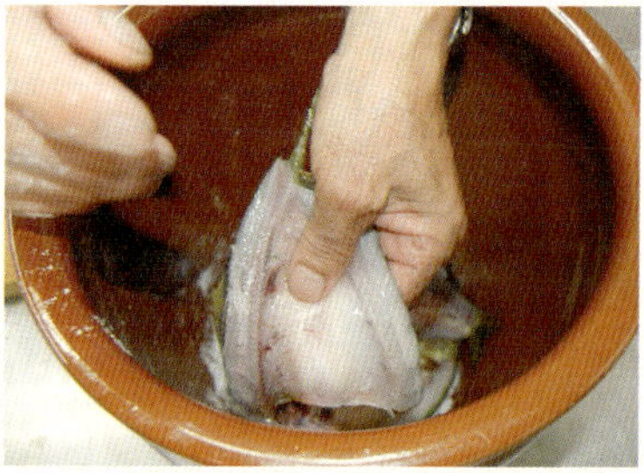

内臓を取り十分水洗いした鮎を塩漬けにする

糊分を取り除いたご飯、千切り大根、塩出してひと口大に切った鮎をよくかき混ぜる

かき混ぜたご飯を押し込む

落し蓋をする

重石をして漬け込む

落しぶたを取ったところ。鮎の内臓を取り出した姿のまま漬け込むこともある

古賀志町上古賀志 星の宮神社の祭りと耳うどん

うどんといえば紐状の細長い物が一般的であるが、中には耳のような形をしたうどんを作る所がある。佐野市牧町や仙波町が知られているが、何と宇都宮市内でも作る所があった。古賀志町上古賀志の星の宮神社の氏子4軒である。耳うどんを食べるのは、1月13日の星の宮神社の祭礼の時である。神社に参拝した後、当番宿で直会（祭り後の飲食会）となり、この時に耳うどんを食べた。直会は各戸1人参加で、各自の座席の前にお膳が二つ用意される。一つはゴボウ、山芋、干し柿、トコロ(芋の一種)、ネギ、豆腐、昆布を盛った膳、もう一つの膳には赤飯、煮魚、煮しめ、それに耳うどんが盛られる。耳うどんは、小麦粉を練り平たく伸ばしてからマッチ箱大の長方形に切り、それを二つ折りにするようにして内側の両端を合せ閉じたものである。できあがった形が耳に似ているので耳うどんの名がついた。里芋、大根、人参、ゴボウを刻み醤油で味付けした汁に茹でた耳うどんを入れて食べた。普通、祭り前日に作ったものだが、当番宿によっては、お節料理などとともに暮れのうちに作っておき、よく乾燥させて保存をしておいたものを用いるという場合もある。ともあれ、よく乾燥させたものは長持ちするという。

古賀志町辺りは古賀志山麓の台地が広がり畑作が盛んである。昔は小麦が沢山栽培され、よく手打ちうどんを作り食べたといい、耳うどんはそうしたうどん食文化の一つである。

上古賀志での耳うどん作りは昭和の終り頃に廃れたが、近年古賀志町では、孝子桜祭りなど地域おこしが盛んである。古賀志名物として耳うどんを復活してはいかがとの声が聞かれる。

レシピ3 耳うどん

● **材料 4人分**

小麦粉・中力粉………… 500g
ぬるま湯(30度)… 200〜220cc
塩………………………小さじ1
打ち粉…………………… 少々

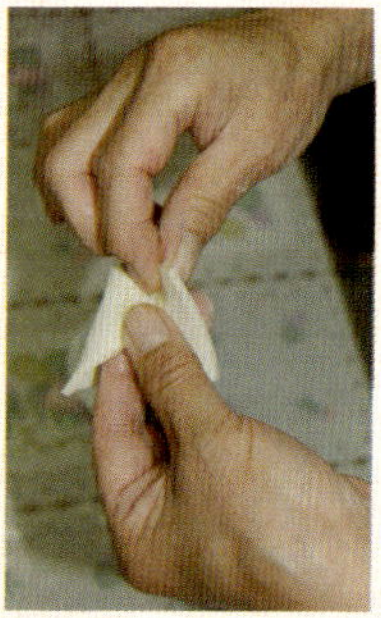

上側の両端を重ねる

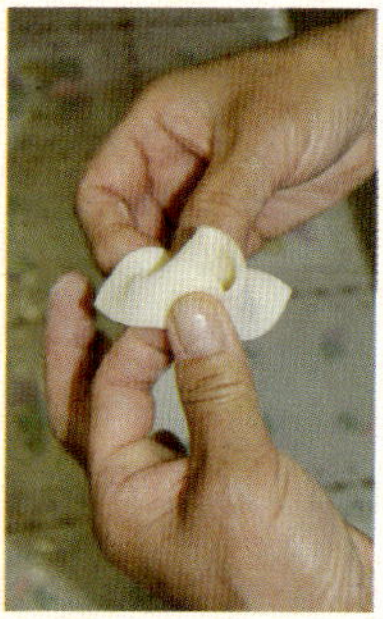

重ねた所を指で押さえ裾を持ち上げる

● **耳うどんの汁**

水…………………4カップ
里芋…………………300g
シイタケ……中5枚(100g)
人参……中1/2本(100g)
ネギ…………………40g
ゴボウ……中1/3本(50g)
だし用カツオ節… 30〜50g
醤油…………………大さじ4
みりん…………… 大さじ4

※この他にカマボコ、鶏肉などを入れても美味。基本的にはうどんの料理方法と同じ。

● **作り方**

1 うどんの打ち方、ゆで方は「Ⅱ章6 盆の行事とまんじゅう、うどん」を参照のこと。

2 水が沸騰したら、カツオ節を入れ軽く一煮立ちさせ火をとめ、だしのアクをとり、しばらくしてから布巾でこす。

3 だし汁が沸騰したら、刻んだ里芋、人参、ネギ、シイタケ、ささがきにしたゴボウを入れ煮る。

4 里芋などがやわらかくなったら醤油、みりん、塩（分量外）などで味を整え、耳うどんを入れてさっと煮る。

Column

ウナギを食べないムラ

耳うどんを作る古賀志町上古賀志の星の宮神社の氏子４軒は、昔からウナギを食べない風習がある。星の宮神社は、江戸時代まで虚空蔵様といわれ、ご本尊として虚空蔵菩薩が祀られた。虚空蔵菩薩を祀る所では、上古賀志に限らずウナギを食べない風習があるが、ウナギは虚空蔵様の乗物との信仰があるからである。明治新政府の神仏分離政策により、虚空蔵様は、星の宮神社とか岩裂・根裂神社と改名された。しかし、ウナギを食べないとする風習は、神仏分離後も残ったのである。

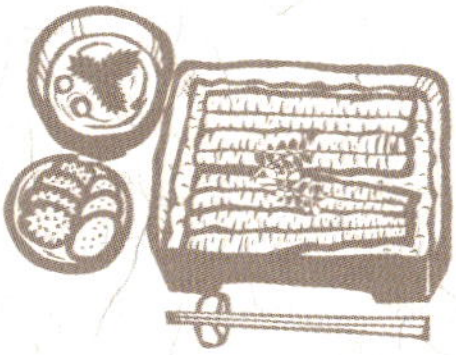

東下ケ橋の八坂神社の祭りとドジョウ汁

用水堀がコンクリートで施される以前、宇都宮あたりではドジョウはごく普通に見られた魚である。農家ではよく田んぼの水口にドジョウ筌をふせてドジョウをとり、身近なタンパク源としてドジョウ汁にして食べたものである。耕地整理が行き届いた昨今、ドジョウの姿がめっきり減った。

旧河内町の下ケ橋地区では、用水堀から田んぼへ注ぐ水路の傾斜を緩やかにするなど用水堀や水田の生物の保全に意欲的に取組み、お陰でドジョウ等が蘇ってきた。東下ケ橋では、昔から七月の暑い最中に行われる八坂神社の祭り日の昼食にドジョウ汁が付きものとなっている。暑さを栄養価の高いドジョウ汁を食べることによって乗り切ろうとの配慮からである。

レシピメモ

レシピ4 ドジョウ汁

● **材料　4人分**

ドジョウ（やや小さ目なもの）300g
ネギ……………………………1本
ゴボウ………………………1/2本
タマネギ（中）…………………1個
酒………………………………100cc
醤油……………………………少々
卵………………………………1個
水……………………………4カップ

● **作り方**

1　ドジョウ（購入したドジョウはそのままでよいが、捕ってきたドジョウは水の入った容器に入れて十分泥を吐かせてから用いる）を水切りしてから鍋に入れ、酒をひたひたになるくらい入れ、次いで醤油を少々注ぎ蓋をして火にかけ動きをとめる。

2　水を加え、刻んだタマネギ、ささがきにしたゴボウを入れ、煮え立った頃に溶き卵を加える。

※育ち盛りの若いドジョウゆえ、骨も軟らかく気にならない。このまま食べてもよし、うどんを加えてもよし。

冷ややっことドジョウ汁

板戸のお天祭とナスの油味噌

鬼怒川左岸に位置する板戸は、江戸時代河岸が開かれ水運で栄えた。ここには辻組をはじめ8つの集落があるが、江戸時代末期から昭和初期頃まで天祭あるいは天念仏と呼ばれる行事が各集落ごとに盛んに行われた。実施時期はお盆の頃で早い集落で8月初旬、遅い集落で9月初旬二百十日頃である。稲の収穫を間近に控え、台風の害を受けずに無事豊作であるように太陽神等に祈願する原始信仰である。この時、各集落ともお天祭には、ナスの油味噌を作っていただいたという。取りたてのナスとピーマンを油で炒め、味噌と砂糖でからめたものである。作るのは男たちであったという。いかにもこの時期ならではの、しかも神祭りに伴う食べ物である。

平成27年8月15日、天棚収蔵庫完成を祝い、久々に天祭の真似事が行われ、昔懐かしいナスの油味噌が振る舞われた。

お天祭の中心施設天棚

参会者に振る舞われたナスの油味噌

レシピ5 ナスの油味噌

●材料　2人前

ナス…………3個
ピーマン………3個
サラダ油…大さじ2
味噌…………30g
砂糖……… 大さじ1
水………… 大さじ2

●作り方

1 ナス、ピーマンは洗ってへたを取り縦に半分に切る。
2 フライパンにサラダ油を熱してナス、ピーマンを入れ、焼き色がつくまで炒める。
3 味噌、砂糖、水（合わせておくと混ぜやすい）を入れてしばらく混ぜながら水けをとばし炒める。

Ⅱ
年中行事に見る伝統料理

1. 年中行事に見る伝統料理

普通、祭りといった場合には、村の鎮守社のような何軒かの家が集まって祀る神社の祭礼、いわゆるムラの祭りをいう。これに対し、年中行事とは、イエ（家）を単位にして行われる祭りをいう。イエの祭りは、ムラの祭りのようにきちんとした祭りの形式を取らない場合が多く、毎年ある時期がくると繰り返し行われるところから年中行事ともいわれる。例えば正月から始まって、節分、初午、雛祭り、端午の節句、盆、十五夜·十三夜、恵比寿講等である。

小正月　マユダマ飾り

2月8日　だいまなこ

3月　麦ごと

7月7日　七夕飾り

2. 正月行事とお節料理

正月はお年玉をいただいての再生儀礼

正月とは、年の初めにあたって年神様より新たな活力に満ち溢れた霊魂（年霊・としだま）をいただいて心身の再生復活を図ろうとする行事である。古くは餅をお年玉とされたが、今日では「お年玉」と書かれた袋の中身はお金が相場となっている。お金をいただけば誰しも喜ぶところからそうなった次第である。

お節料理は、ファースト・フードであり保存食

　正月に年神様へ供え、また年神様と共にいただく料理をお節料理という。正月行事は盆行事とともに最も大切なイエの祭りであるから、行事も丁寧に行われ長く続く。この間、なるべくなら普段の仕事はしない。したがって食事も炊事に手間がかからないものが用いられた。そのためにお節料理は暮れのうちに作り準備しておいたものであり、目出度いことにあやかり縁起を担いで作ることはもちろん、手軽に食べられることと長持ちすることに注意が注がれた。

　宇都宮あたりで伝統的に作られてきたお節料理の代表的なものとして雑煮があり、その他に羊羹、きんとん、昆布巻き、きんぴら、大根・人参のなます、数の子、黒豆などがある。なお、昆布巻きは「よろこぶ」の意味から、きんぴらは金平と書いて金運に恵まれるように、大根・人参のなますは大根の白と人参の赤との紅白の色合いから、数の子は子宝に恵まれるように、黒豆はまめまめしく働けるようにと、それぞれ縁起を担いだものでもある。

年神様を祀る年神棚

こちらは大神宮の飾り

これも年神棚

年の瀬の餅つき

つき立ての餅からお供えを作る

お節料理をいただく

レシピ6 伊達巻き

● **材料　20cm×20cm天板1本分**

卵…………………… 8個
はんぺん………… 200g
みりん…………… 大さじ
砂糖…………… 大さじ4
だし汁………… 大さじ4
醤油…………… 小さじ1

◯以下を準備

クッキングシート
ミキサー
巻きす

きれいにできると、お節料理がいっそう華やかに

● **作り方**

1 卵、はんぺん、みりん、砂糖、だし汁、醤油をミキサーにかけ、なめらかにすり混ぜる。

2 オーブンは200度に余熱をしておく。

3 天板にクッキングシートを敷き、1を流し込む。

4 3を予熱したオーブンに入れ、200度で20分焼く。

5 焼き上がったら、焼き色がついた方を下にして、巻きすで巻き、形が落ち着くよう輪ゴムで止めておく。冷めたら、巻きすを外し、切り分ける。

※オーブンがないときは卵焼き器やフライパンで焼いてもよい。このときは器に合わせて材料の分量を加減する。

※砂糖やみりんの量は好みで加減する。また、ハチミツを加えてもおいしくできる。

※鬼巻きすで巻くと格好よく仕上がる。

天板に卵液を流し込む

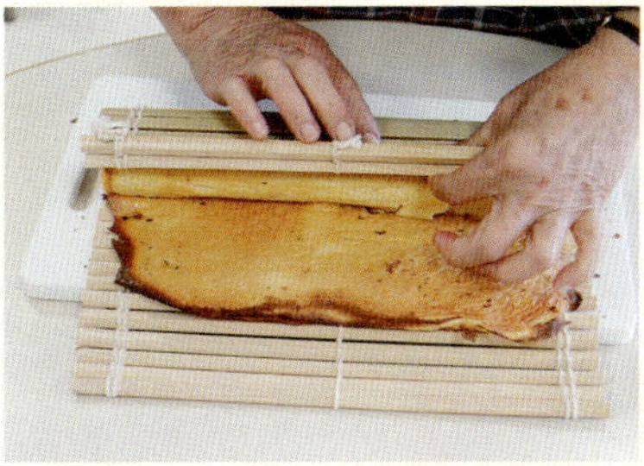

巻きすで巻く

巻いた状態

レシピ7　昆布巻き

● **材料　8人分**

- 煮昆布……… 長さ15cm8枚
- ソフトニシン……………… 8枚
- 人参…………………中1/2本
- ゴボウ……………… 細1/2本
- かんぴょう………… 2mくらい

● **調味料**

- だし汁…………… 4カップ
- みりん…………… 大さじ3
- 酒……………… 大さじ4
- 砂糖…………… 大さじ3
- 醤油…………… 大さじ2

レシピメモ

● 作り方

1 ゴボウを昆布の幅に合わせ輪切りにし、縦に細く切る。人参も同様。

2 ソフトニシンを身の方向に沿って細く切り、二分する。

3 かんぴょうを塩水に入れて柔らかく戻す。

4 水に浸して軟らかく戻した昆布に1、2をのせて巻き、かんぴょうで二巻きしてから結ぶ。

5 4を鍋に入れ、調味料を加え煮る。

ゴボウを細く切る

ニシン、人参、ゴボウを昆布で巻く

かんぴょうで結ぶ

レシピ8 ユズ巻き

● **材料　4人分**

ユズ……………………1個
酢………………… 大さじ5
砂糖……………… 大さじ5
大根………………… 500g
赤トウガラシ…………1本
塩………………… 大さじ1
楊枝……………… 約20本

薄く切った大根でユズを巻く

巻いた大根を楊枝で刺す

● **作り方**

1　大根を薄く輪切りにして塩をふり、しんなりさせる。

2　ユズは表面の皮をむき太めの千切りにする。

3　しんなりした大根で千切りしたユズ4〜5本を巻き、楊枝で3個ずつ刺す。

4　トウガラシは薄い輪切りにしておく。

5　分量の酢、砂糖、トウガラシを合せておく。(砂糖が溶けるように)

6　3を蓋つきの容器にならべて、5をふりかけ2〜3日おく。

※大根は薄く輪切りにし、半日〜1日干してから使ってもよい。歯ごたえや保存性がよくなる。

※同じ漬け汁に、大根やカブで菊花カブを作り漬け込んでおくと、お正月らしい雰囲気になる。

レシピ9 きんぴらゴボウ

● 材料 4人分

ゴボウ…………2本(200g)
人参…………………… 50g
赤トウガラシ………… 1本
油………………… 大さじ2

● 調味料

酒………………… 大さじ1
砂糖……… 大さじ1と1/2
醤油……………… 大さじ2

ゴボウ、人参を炒める

● 作り方

1 ゴボウは洗って皮をこそげ、5cm長さの千切りにし、さっと水につけあくを抜く。

2 人参もゴボウに合わせて千切りにする。

3 赤トウガラシは種を取り輪切りにしておく。

4 鍋に油を熱し、ゴボウをしんなりするまで炒め、人参、赤トウガラシを加えてさらに炒める。

5 分量の調味料を加えて、火を弱め、汁がなくなるまで炒めてできあがり。

※ゴボウと人参の割合は好みでよい。また、ここにこんにゃくの千切りや赤や黄のパプリカを加えても変わりきんぴらができる。

※ゴボウはよく洗って、あまり皮をむかない方が香りが残っておいしい。

レシピ10 大根人参の紅白なます

暖房がきいた温かい部屋で冷たい大根人参のなますを食べるのはまた格別。色合いも目出度い紅白でお節料理に欠かせない。

● **材料　作りやすい分量**

大根……………… 約500g
人参……………… 約100g
ユズの皮…………… 適量

● **調味料**

塩………………… 小さじ2
砂糖……… 大さじ1と1/2
酢………………… 大さじ4

● 作り方

1　大根の皮をむいて薄く輪切りにする。人参も同様にする。

2　薄く輪切りにした大根を何枚か重ねて千切りする。人参も同様に千切りにする。

3　ボールに千切りした大根、人参を入れ、塩を加え、よく混ぜる。塩が全体に混ざったら水が出るまでよくもむ。

4　水分が出てきたら、程よく搾り、別の容器に移す。

5　4に砂糖と酢を入れてよく混ぜる。

大根を薄く輪切りにする

薄く切った大根を重ねて千切りする

大根同様人参も千切りにする

水分を搾る

レシピ 11　白あえ

● **材料　4人分**

木綿豆腐（水を切ったもの）1丁（380g位）

砂糖……………………………大さじ3〜4

塩…………………………………小さじ1

すりゴマ…………………………大さじ2

人参……………………………………80g

こんにゃく…………………………160g

● **下煮用**

砂糖………………大さじ1

塩………………小さじ1/2

だし汁………………100cc

● **下準備**

豆腐は30分位前に布巾で包み、まな板の上にのせ、重しをして水切りをしておく。

● 作り方

1 こんにゃくは4cm位の長さの短冊切りにして、さっと湯がき、水切りする。

2 人参もこんにゃくと大きさを合わせて短冊に切り、1のこんにゃくと合わせて下煮用調味料で煮ておく（冷ましておく）。

3 豆腐はすり鉢でなめらかにすり、砂糖、塩、すりゴマを入れて味を調える。

※すり鉢がない場合は、へらのようなものでよくつぶしてもいい。

4 食べる直前に、2をあえる。

※和える材料は、人参、こんにゃくをベースに、ホウレン草やリンゴ、柿等好みで加えてもおいしい。白あえは正月のみならずご祝儀（結婚式）や葬式などにも作ることが多いが、葬式の場合は赤い色合いの人参は入れない。

豆腐をよくつぶす

具を入れて混ぜる

正月のお膳

正月に餅を食べない所

Column

正月に餅を食べる風習は広く一般的であるが、稀に餅を食べないとする所もある。宇都宮市の旧荒針地区では、「鎮守社の神の雷神が、正月餅を喉につかえて死んだ、正月に餅を食べると落雷があるからといって以後餅を食べなくなった」とか、「弘法大師が大晦日一晩のうちに戸室山中に100の穴に仏像を彫ることを決心したが、夜が明けきらぬ内に餅つく音がしたので念願かなわずといって仏像を彫ることをやめた。弘法大師に申し訳ないことをしたとして以後餅をつかない」等の話がある。

こうした正月に餅を食べない風習は、稲作が今日のように広まる以前は正月に餅をつくことはなかった古い風習を伝えるものである。それが稲作が広まり、餅をつく風習が一般的になると餅をつかない、食べない風習が奇異に思われることからそれを行う理由づけとしてさまざまな言い伝えを残したのである。

戸室山を望む

戸室山神社参道石段

レシピメモ

七草粥と小豆粥

1月7日の朝食べる粥を七草粥、15日の朝食べる粥を小豆粥という。七草粥は春の七草（セリ・ナズナ・ゴギョウ・ハコベラ・ホトケノザ・スズナ・スズシロ）を入れるのが本来だが、実際にはセリ・スズナ（カブ）・スズシロ（大根）等ですます場合が多い。

七草粥は早朝作るものとされ七草を刻む際に「七草ナズナ　唐土の鳥が　日本の国に渡らぬうちにストトントン」と唱えたものである。唐土の鳥とは中国からやってくる悪いものの意があり、転じて季節風が強くなるこの時期流行るインフルエンザなどの流行り病をいう。七草粥を食べるのは、こうした厄病を防ぐ意味と考えられる。

小豆粥は本来真中を太くした孕み箸で食べたもので、「どんなに熱くてもフーフー吹くな、吹くと田植えに風が吹く」という。稲作の豊穣をあらかじめ祝って食べたものである。

七草粥

小豆粥（ともに撮影 有岡光枝）

3. 二月初午としもつかれ

初午は農作業を始めるにあたっての稲荷社の祭り

初午の行事は京都伏見稲荷神社のご祭神が、和銅4年2月11日に伊奈利山へ下りた日であり、その日が丁度初午の日であったということに由来する。ここでいう2月とは、旧暦のことであり、今日用いられている新暦でいえば3月中旬頃のことである。この時期は農作業、中でも稲作の開始を間近にした時期でもあり、したがって農家にとって初午は、稲作を始めとした五穀豊穣と農作業の無事を祈る大切な祭りであった。この初午に欠かせないのがしもつかれである。

しもつかれは残り物を巧みに生かした料理

しもつかれは、栃木県を中心に福島県奥会津地方、茨城県の南西部、千葉県北部、群馬県東部、埼玉県東北部等の地域で二月初午に作られる料理である。材料は地域により相違が見られるが、栃木県中央部から茨城県南西部のしもつかれを作る最も確立の高い地域では、大根、大豆、塩引き鮭の頭、酒粕、人参、油揚げの6種類が定番となっている。そしてこれらに共通するのは残り物であり、大根は、冬の間地中に埋めて保存していた物であり、中には傷み出し普通の料理には適さない物もある。大豆は節分でまいた残り豆、塩引き鮭の頭は正月期間中に切り身にして食べた残り物、酒粕は酒を搾った後の残り物であり、人参も大根同様の物である。新鮮な物は、わずかに油揚げだけといった具合である。

旧暦二月の頃は農作物の端境期で新鮮な野菜類の乏しい時期であった。初午の稲荷社への供物とはいえ、残り物を利用せざるを得なかったのである。

しもつかれは栄養価に富んだ料理

栃木県内では、「しもつかれを食

べ歩くと中気にならない」という。中気とは今でいう脳血管障害のことをいうが、ともあれしもつかれを食べると病気にならないという。先のしもつかれの材料を見ると、大根には消化酵素であるジアスターゼが多く含まれ、大豆は蛋白質、塩引き鮭の頭にはカルシウム、酒粕には糖分、人参にはカロチン、油揚げには蛋白質等と栄養価が高いものばかりが、しかもバランスよく用いられていることに気づくのである。

冷たいしもつかれと温かい赤飯とを一緒に食べるのが最高の味

しもつかれは冷たくなったものを、それも温かな赤飯と一緒に食べるのが最高の美味といわれる。温かなしもつかれは、酒粕や塩引き鮭の臭いが立ち上りそれを嫌う人が多い。しかし冷たいしもつかれにはそうした臭いも少なく、また、温かな赤飯と一緒に食べるとしもつかれの塩分が働いて美味となる。冷たいしもつかれと温かな赤飯を一緒に食べると互いの相乗効果が働く不思議な取り合わせでもある。

二月初午以外に、しもつかれは作るな

近年は二月初午の日に限らず冬になるとしもつかれを作る家があるが、以前はしもつかれは二月初午前日に作り、初午当日に蒸かしたての赤飯と共に稲荷社に供えたものであり、初午以外には作らないものだった。こうした「二月初午以外にしもつかれは作るな」との禁忌は、どうして生まれたのであろうか。しもつかれは残り物で作ったものであり、本来神様への供物として相応しいものではない。しかし二月初午の頃は野菜類の端境期であり新鮮な食材を用いた食べ物を供えることが叶わない。やむなく残り物を用いたわけであるが、一方では神様への供物は普段は作らない「変わりもの」でもある。そこで二月初午以外には作らないことにより、しもつかれを変わりものとし稲荷社の供物へと昇華したものと考えられる。

しもつかれは見た目が悪いとか独特の臭いがするなどといって敬遠する人が多い。しかし、しもつかれは大変栄養価に富んだ食べ物

であるばかりでなく、しもつかれにまつわる様々な風習を知れば知るほど味わい深い食べ物であることに感心させられる。まさに栃木県を中心とした内陸地域の風土が生み出した食べ物である。いつまでも伝承したい食べ物でもある。

初午祭り

レシピ12 しもつかれ

今ではしもつかれの呼び名が一般的になっているが、宇都宮辺りではしみつかりとかしみづかりといった。

● 材料　作りやすい分量

大根……………………… 2kg
人参………………………300g
いり大豆……………………80g
油揚げ……………………… 2枚
塩鮭の頭……………… 小1個

しもつかれの材料

● 調味料

酢…………………… 大さじ2
水…………………… 2カップ
酒粕…………… 100〜150g
醤油………………………適量
塩…………………………適量
砂糖……………… (好みで)

しもつかれをいただく

稲荷社に赤飯・しもつかれを供える

作り方

1 鮭の頭はよく洗い、2cm位の角切りにし、1回ゆでこぼして臭みをとる。

2 圧力鍋に1の頭、酢、水を入れ20分位煮る。

3 大根、人参は鬼おろしでおろす。

4 いり大豆は布巾に包んでもみ、皮を除く。

5 油揚げは、薄く焦げ目がつくくらいに焼き、縦半分にしてから細切りにする。

6 酒粕は小さくちぎり、熱湯に浸し、柔らかくする。

7 厚手の鍋に、2、3、4、5の材料を全部入れ、はじめは強火から中火にかけ、ぐつぐつ煮えてきたら弱火で1時間位煮込む。

8 味がなじんで柔らかくなったら、酒粕を入れ、醤油、塩、好みで砂糖を入れ味を調える。

※塩鮭の塩加減により加える醤油、塩は加減する。

※塩鮭の頭は焼いて使用してもよい。また、いり大豆の替りにゆで大豆を使用してもよい。

※大根は三浦大根やみやこ大根など昔からの煮大根があいます。

大根を鬼おろしでおろす

鮭の頭を刻む

レシピ13 赤飯（おこわともいう）

めでたい時には必ず作って食べたものである。祭りや年中行事の代表的なご馳走。

● 材料　5〜6人分

もち米……………5カップ（750g）
ササゲ…………………………50g
ゴマ塩…………………………適宜
※ササゲの代わりに小豆でもよい。（ご飯の中に小豆を入れて炊いたものは小豆飯という）

● 下準備

- ササゲはよく洗い、10倍の水で8分どおり煮てざるにあげる。煮汁は冷ましておく。煮汁に水を加え、もち米にたっぷりかぶるくらい作って赤水とする。
- もち米はよく洗って、赤水に一晩浸す。このとき吸水したもち米が赤水の上に出ないように気をつける。

● 作り方

1　一晩赤水に浸したもち米をざるにあげ、10分くらい水を切る。このとき、打ち水用に赤水を3カップくらい取っておく。

2　蒸し器にかけん（ぬれ布巾）を敷き、蒸気が上がったらもち米とササゲをよくかき混ぜて蒸し器に入れる。

3　20分くらいしたら1カップくらいの打ち水（赤水または水でもよい）をし、さらに10分くらい蒸す。再度1カップくらいの打ち水をし、さらに10分くらい蒸す。

4　蒸し上がったら、別の容器に移し、全体をよくかき混ぜる。

5　食べるときにゴマ塩をかけ程よい塩分を加えると美味。しもつかれとともに食べる場合は、しもつかれの塩分だけでも美味。

※ササゲの方が小豆より煮崩れしないので使いやすい。

今様の蒸し器

古風な桶製の蒸し器

赤飯をつめる

しもつかれと赤飯を藁つとに入れる

Column

サメを食べる

宇都宮あたりでは真冬になるとサガンボと称する魚を食べる風習がある。このサガンボとは、サメのことであり茨城県北部あたりでとれるアブラツノザメである。サメの類は体内に尿素を蓄積しており、死ぬと尿素の分解でアンモニアが生成され一種独特の臭いを発する。そのために漁師町では敬遠されがちであるが、一方アンモニアが生成されることにより腐敗が抑制される。そこで海の生鮮な魚に恵まれない内陸地方では、腐敗しにくいサガンボが数少ない海の生鮮魚として利用されてきた。

ところでサガンボの呼び名は、頭部を切り取った胴部がツララの形に似ており、そのツララを北茨城地方ではサガンボということからついた呼び名である。サガンボの切り身を砂糖醤油で煮つけて食べると美味である。また、一晩おいてできた煮凝りも美味い。

なお、サガンボの他にもモロと称するサメも食べる。モロは和名をネズミザメといい、煮つけやフライなどにして食べると美味。

モロ（左側）とサガンボ（右側）の煮付

4. 節句と草餅・柏餅

節句といえば3月3日の雛節句と5月5日の端午の節句が際立つが、本来、五節句といい雛節句や端午の節句の他にも1月7日の人日（じんじつ）、7月7日の七夕（しちぜき）、9月9日の重陽（ちょうよう）の節句がある。節句の「節」とは、季節の変わり目、いわゆる節目のことをいったもので、節句はこれに中国の暦法を取り入れ特定の節目の日に行事を行ったことに由来する。

雛節句は女の子の、端午の節句は男の子の無事成長を祝う行事

3月3日は、本来上巳（じょうし）の節句といわれるが、三月に行われることから三月節句、あるいは女の子の無事成長を祝い雛人形や桃の花を飾るところから女の節句、雛節句あるいは雛祭り、桃の節句などともいわれる。女の子が生まれ初節句を迎える家では嫁や婿の実家から贈られた雛人形を

娘の無事成長を祈りお雛様を飾る

座敷などに飾り、子どもの無事成長を祈る。丁寧な家では雛飾りに紅白の菱餅や白酒を供えたりするが、多くは芽吹いたばかりのヨモギの葉を入れた草餅だけを供えたものである。

5月5日は、五月節句、男の節句ともいわれる。雛節句が女の子の無事成長を祝う行事であるのに対し、端午の節句は男の子の無事成長を祝う行事とされる。男の子が生まれ初節句を迎える家では庭先に鯉のぼりや武者絵のぼりを立て、家の軒先にはショウブやヨモギを飾り、座敷には武者人形などを飾る。この日には柏餅を作り食べ、またこの晩にはショウブ酒を

飲んだりショウブ湯に入る風習がある。

農家の節句は、稲作の無事を祈る祭り

今様の立派な雛人形や武者人形を飾り子供の無事成長を祝う風習は、宮中や武家社会の中で形作られたものであるが、農家においては稲作の節目にあたって稲作の無事・豊穣などを祈ることに主眼が置かれた。

旧暦3月3日の頃は苗代に種を撒く時期であり、旧暦5月5日の頃は田植えの時期である。ともに稲作にとって大事な時期であり、その都度稲作の無事を祈る祭りが行われた。雛人形は本来小さな粗末な物であり、祭りを執り行う者が身のケガレを祓うためのもので、ケガレを人形に託して流したものである。五月節句の軒先のヨモギやショウブの飾りは、それらの独特な臭いで祭りを執り行う場から邪気を祓い清めるものであり、のぼりは神様を招く目印であった。

ところで、農作業はもともと女性が主体であったから、こうした祭りは女性によって行われた。三月節句が女の節句といわれるのはそこに由来する。一方、五月節句ももとをただせば女性が中心となって行事が執り行われたものであり、主婦はショウブ酒を飲むものだとかショウブ湯に入るものだとの伝承は、祭りを執り行う女性が身のケガレを取り除くための風習を今に伝えるものである。また五月節句が男の子の節句となったのは、江戸時代に武家社会で節句が公的な行事に定められたことによるもので、菖蒲が尚武に音が通じることによる。

初孫誕生を祝う鯉のぼり

軒先に刺したヨモギとショウブの飾り

レシピ14 草餅

新暦の3月下旬ころから4月上旬の頃は、ヨモギが芽を出す頃でもある。新芽は独特の香りがあり、このヨモギの新芽で作った草餅は香り高く、この時期ならではの食べ物である。

● 材料　10個分

米粉(上新粉)… 2カップ(260g)
熱湯…………… 1と1/2カップ
ヨモギ……… 80g(ゆでたもの)

● きな粉

きな粉…………… 大さじ5
砂糖……………… 大さじ3
塩……………… 小さじ1/2

● 下準備

ヨモギは、柔らかいところを摘んでよく水洗いし、たっぷりの湯に重曹少々を入れてゆで、15分位水に浸してアクを抜き、絞っておく。

● 作り方

1　絞っておいたヨモギは、すり鉢でよくすりつぶすか、ミキサーでよく砕く（ミキサーの場合は少量の水を加える。また、春先のヨモギなら包丁で細かく刻んでもよい）。

2　大きめのボールに米粉を入れ、熱湯を加えて手早くかき混ぜ、耳たぶくらいの堅さにこねる（熱湯300ccは堅さをみながら入れる）。こねたものを、一握りくらいの大きさにちぎって約15分蒸す。

3　蒸した米粉をボールに移し、すりこぎでつきながらよくこね、1のヨモギを加えさらによくこねる。

4　ヨモギがまんべんなく混ざったら、1個50〜70gの大きさに丸め、指を添えて軽くつぶす。

5　きな粉に、砂糖、塩を混ぜて草もちをつけて食べる。

※ヨモギはゆでて1回分ずつ冷凍しておくと季節が過ぎても利用できます。
※ヨモギが手に入らないときは、春菊の葉の部分を利用してもおいしくできる。

粉に湯を加えながら混ぜる

よく練る

ちぎって蒸し器に並べる

ゆでたヨモギを刻む

蒸した米粉とヨモギを混ぜる

丸めてから手の平で整える

扁平に整えた草餅ときな粉

内裏雛に供えた草餅

レシピ 15　柏餅

6月半ばともなると柏の葉もすっかり大きくなり、餅を包むには最適となる。また、柏の葉は、秋に枯れた古い葉が春までついたまま新芽が出るまで落葉しないところから「代が途切れない」として縁起がられてもいる。

● 材料　15個分

米粉（上新粉）‥2カップ（260g）
熱湯‥‥‥‥‥‥‥‥1と1/2カップ
あん‥‥‥‥‥‥‥‥‥500〜600g
柏の葉‥‥‥‥‥‥‥‥‥‥‥15枚

五月節句の飾りに供えた柏餅

● 下準備

あんを作っておく。少し堅めが扱いやすい。

● 作り方

1　あんは1個35g位に丸めておく。

2　大きめのボールに米粉を入れ、熱湯を加えて手早くかきまぜ、耳たぶくらいの堅さにこねる。一握りくらいの大きさにちぎって15分位蒸す。

3　蒸しあがったら再度ボールに移し、よくこねてから1個35〜40gくらいの大きさに丸め、平らに押しつけ、皮を作る。中にあんを入れて2つに折り、口を閉じる。

4　柏の葉を中表にして包む。

5　蒸し器で10分くらい蒸す。

あんの材料と作り方

● 材料

小豆　250g(生あんは小豆の2〜2.5倍の重量になる)

A 生あん……………500g
砂糖……………200g
水…………1/2カップ
塩………………少々

※でき上がり約700g

● 作り方

1 洗った小豆に3倍の水を入れ強火で煮る。沸騰したら冷水を1カップ差し水し、中火で皮のしわがなくなるまで煮る。

2 小豆をざるにあげ、流水をかける。

3 小豆を鍋に戻し、小豆がゆっくりかぶるくらいの水で柔らかくなるまで煮る。水は常にかぶるようにする。

4 柔らかくなったら、布巾を広げたざるに空け水気を切る（生あん）。

5 4の生あんとAの分量の水を鍋に入れ、砂糖を2〜3回にわけて入れ、小豆の粒を壊さないように練り上げる。

6 最後に塩を加える。

※あんの堅さは使う用途によって調整する。

円形に伸ばして皮を作る

皮であんを包む

柏の葉で包み蒸し器に並べる

5. 田植えとさなぶりのご馳走

田植えは田の神様の祭り

田植えは稲作の中で最も大事な作業である。この大事な田植えは田の神様を招いての祭りでもあり、田の神様をもてなす意味からも、また、手伝いの人たちに振る舞うためにも沢山のご馳走を作ったものである。赤飯を蒸かし、切りコブ（醤油味）、蕗の煮付（醤油味）、南京豆の煮豆、豆腐汁、ニシンの煮付（醤油味）等は、代表的な田植え時のご馳走であり、中でも田植えニシンとよばれるように身欠きニシンの煮つけは田植えに欠かせないものであった。

結い（相互扶助）による田植え

神棚に升に入れた苗を供え豊作を祈る

田植えには手伝ってくれる人の家へ赤飯を配る

大さなぶりには、農具に感謝し赤飯・お神酒を供える

手伝ってくれた人への心配りを、さなぶりの振る舞い

田植え終了後の祝いをさなぶりという。サとは田の神様をいい、さなぶりとは田の神様が田植えが無事終了したことを見届けて天に登るといわれている。さなぶりには、各個人の田植え終了後の晩に行われる小さなぶりと集落全ての家で田植えが終了した後に行われる大さなぶりとがある。小さなぶりでは、手伝ってくれた人を招き、白米飯やうどんに豆腐のすまし汁、ナマリの煮付、ニシンの煮付等、それに酒を振る舞い労をねぎらった。大さなぶりには、赤飯やぼた餅、餅などをついて祝い、また、それらを手伝ってくれた人の所へ配ったものでもある。

あんころ餅

さなぶりに限らず、餅をついた時には最後にあんころ餅を作ったもので、これを食べるのが餅つきの楽しみだった。

さなぶり餅をつく

ちぎった餅をあんの中に入れる

レシピ 16　五目めし

● **材料　4人分**

米……………………300g（2合）
かんぴょう　25g（もどして約150g）
干しシイタケ……………… 中3枚
人参………………………… 50g
ゴボウ………………………25g
油揚げ………………………1枚
絹さや………………………5個
卵…………………………… 1個
紅ショウガ………………… 適量
海苔………………………… 適量

● **調味料**

だし汁…………… 350cc
砂糖……… 大さじ3と1/2
醤油……………… 50cc
酒………… 大さじ1と1/2
サラダ油………… 大さじ2

五目めし
いろどりが美しい

●作り方

1 米は炊く前に洗ってざるにあげておく。米に水を入れて堅めに炊く。

2 かんぴょうは、水洗いをし、塩でよくもみ、水に5～10分浸してから水をとりかえ洗い流す。2cmくらいに切る。

3 水で戻した干ししいたけと、油抜きした油揚げを千切りにする。人参、ゴボウをささがきにする。ゴボウは水に浸してアクを抜く。

4 鍋にサラダ油を熱し、2と3の具を炒め、調味料で味付けして煮る。

5 1に4の具をのせ、5分程むらし、全体をよく混ぜ合わせ、器に盛り、錦糸卵（薄く焼いた卵焼きを細く切ったもの）、ゆでた絹さや、海苔、紅ショウガの千切りを振りかける。

具材を細かく刻む

煮た具材をご飯に乗せよく混ぜる

レシピ17 ニシンとタケノコの煮付け

田植えニシンともいわれたように田植えのご馳走にニシンの煮付けは付きものだった。

● **材料**

身欠きニシン……………………2枚
ゆでたタケノコ……300gくらい
醤油………………… 50ccくらい
みりん…………………… 大さじ2
砂糖……………………… 大さじ2
水………………………… カップ1

●作り方

1　身欠きニシンは、米とぎ汁に浸して臭みを取り、かつ柔らかくする（米とぎ汁に1晩浸しておくのが理想）。

2　身欠きニシンの小骨を取り除き、好みの大きさに切る。タケノコも好みの大きさに切る。

3　鍋に刻んだニシン・タケノコを入れ、水1カップと調味料とを加え火にかける。

4　落し蓋をして中火で煮る。時々鍋を軽く振り具材を混ぜる。10分程で煮含め、にしんが柔らかくなったらできあがり。

※好みでサンショの葉を入れると香りもよい。

米とぎ汁の中に浸す

小骨を取る

タケノコとニシンを刻む

ニシンを入れる

鍋の中にタケノコとニシンを入れる

レシピ18 フキの煮付け

●材料　8人分

フキ（長さ50cm程度のもの）10本位
だし汁……………………… 1カップ
砂糖………………………… 小さじ2
みりん・醤油・酒…………各大さじ1
削りがつお…………………… 適宜
塩……………………………… 少々

フキの茎に熱湯を注ぎ皮をむきやすくする

フキの皮むき

●作り方

1　フキはよく洗ってから鍋に入る大きさに合わせて切り、塩で板ずりをしてから、さっとゆでる。

2　ゆであがったら、すぐ冷水にとって冷まし、皮をむいて5cmの長さに切り、水にさらしてあく抜きをする。

3　鍋にだし汁と調味料を合わせ、沸騰したら水気を切ったフキを加えて色よく煮含める。

4　器に盛り、煮汁も少し加え、削りがつおを天盛りにする。

※春先の柔らかいフキで煮ると特においしい。少し堅くなったフキは、色は煮汁の色になるが、柔らかくなるよう長めに煮る。

※厚揚げや生シイタケを加えて煮含めてもおいしい。このときは先に湯抜きした厚揚げとシイタケを先に煮てから、フキは最後に加える。

6. 盆の行事とまんじゅう、うどん

祖霊信仰に基づいた盆行事

盆行事は正月行事とともに一年の行事の中でも最も大切な行事である。盆行事は祖霊信仰に基づくものであり、先祖の霊を迎えてもてなし、これからも末永く家の繁栄が続くようにとお願いするものである。

盆行事は旧暦7月1日から始まり、核心部は13日から16日である（月遅れの場合は8月1日から始まる）。7月1日は釜の蓋とか釜っぷたついたちといい、地獄の釜の蓋が開くのでそれにあわせ亡者（先祖の霊）が家に旅立つのだともいう。小麦栽培地である宇都宮市では、この日亡者が腹をすかせることの無いようにとまんじゅうを作る風習がある。7日は七夕の行事であるが墓掃除をする日でもある。13日に盆様を迎え、14日、15日はゆっくり滞在していただき16日に盆様を送る。初盆の家では特に盛大に行事を執り行う。立派な盆棚を作り、真新しい位牌を置き、ありったけの供物を供え、その前には親戚縁者より贈られた盆提灯を飾る。線香をあげに来た来客には、米の飯（以前は白米飯は特別な日でなければ食べず、普段は麦飯だった。そのことから白米飯をことさら米の飯ともいった）や五目めし、うどん、団子、小麦まんじゅう、トウナス（カボチャ）汁等を振る舞ったもので

仏壇に飾った盆棚

仏壇とは別に作った盆棚

ある。また、この時期はキュウリ、ナス、カボチャ、インゲン等夏野菜収穫の最盛期であり、新ジャガイモやタマネギ等も豊富にある。こうした新鮮な素材を用いたカボチャの甘煮、キュウリとワカメの酢の物、ジャガイモとインゲンの煮物等もこの時期ならではの食べ物である。

挽きたての小麦粉でまんじゅう、うどんを

台地や二毛作田の広がる栃木県は日本有数の麦作地帯である。大麦や小麦の収穫が終わって間もない盆行事には、早速挽きたての小麦粉を用いてまんじゅうやうどんが作られた。まんじゅうは小麦粉の中に炭酸（重曹）を用いたことから俗に炭酸まんじゅうといわれる。素人が作ったまんじゅうは分厚い皮の中につぶしあんが入ったものであり、商売人の作ったまんじゅうに比べると不細工の感は免れないが妙にうまく感じたものでもある。うどんも自家製の手打ちの物が作られた。普段は下地に味噌が用いられたが、盆をはじめ特別な日には醤油を用いることが多かった。また、この時期取れるチタケ（きのこの一種）とナスを入れたチタケうどんは、チタケ独特の味わいが感じられ、平地林が広がる栃木県の平野部ならではのうどん料理である。

なお、盆の行事には、まんじゅうやうどんの他に「盆にぼたもち、お昼にうどん、夜は米の飯でトウナス汁よ」の言葉があるように、ぼたもち、白米飯、トウナス汁等が作られたものである。

レシピメモ

レシピ 19 ぼた餅（おはぎ）

材料　30個分

もち米…………… 1カップ
米…………………2カップ
水………………… 3カップ
あん（P49参照）…… 900g

作り方

1 米ともち米を混ぜて洗い、1時間ほど分量の水に浸してから炊く。

2 炊きあがったごはんは、ボールに移し、すりこぎ棒で半つぶしにつく。1個30gの俵型にまとめる。

3 ポリラップを使って、俵型にまとめたごはんをあんでくるむ。

※本県では、俵型にせず、器によそったご飯の上にあんをのせたものを「ぼた餅」という場合が多かったようだ。

レシピ20 小麦まんじゅう（炭酸まんじゅう）

● 材料　10個分

小麦粉（薄力粉）………… 250g
炭酸（重曹）………………… 10g
砂糖……………………… 125g
水………………………… 125g
あん……………………… 300g
手粉（薄力粉）……… 50gくらい

● 下準備

あんを作っておく（堅めに練っておく）。できれば、前日に作り1個30gに丸め冷凍しておくと包みやすい。（P49参照）

● 作り方

1　あんは1個30gに丸める。
2　小麦粉に重曹を入れ、2度ふるいにかけて、大き目のボールに入れる。
3　砂糖を分量の水でよく溶かしておく。
4　2の小麦粉に3の砂糖水を加えながら混ぜ、耳たぶよりやや柔らかめの生地を作る。
5　手粉を敷いたまな板に4の皮をとり、棒状に伸ばして10個分に切り分ける。
6　皮を丸く押しつぶした上にあんを置き、あんを包み込むように皮を閉じる。閉じた所を下にする。
7　蒸し器にクッキングペーパーを敷き、6のまんじゅうを並べ、軽く霧吹きをかける（皮が膨張するので並べるときに、まんじゅうの間を少し離す）。
8　中～強火で10～12分蒸す。蒸し上がったら、ざるに取り手早く冷ます。

※皮にカボチャやほうれん草、春菊などをペースト状にして加えると、色や香りを楽しめる。
※白砂糖のかわりに、黒糖を分量の水で溶かして作ると茶まんじゅうになる。
※小豆だけでなく、味噌あんやサツマ芋あんなどを応用すると楽しいまんじゅう作りができる。

あんを丸めておく

小麦粉に砂糖水を加えながら混ぜる

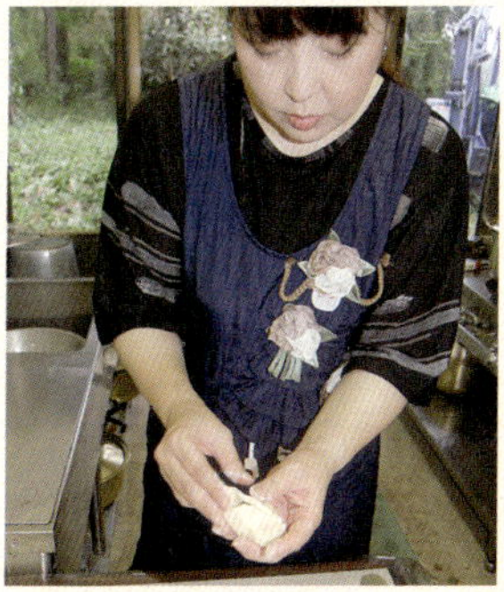

あんを入れ皮を閉じる

丸めたまんじゅうを蒸し器に並べる

レシピ21
手打ちうどん

● **材料　4人分**

小麦粉(中力粉)……………500g
水…………………… 200〜220cc
塩……………………………… 20g
打ち粉……………………50g程度

● **作り方**

1　水に塩を加えて塩水を作る。

2　小麦粉をふるいにかけ、大き目のボールまたはこね鉢に入れる。

3　小麦粉に塩水を少しずつ加えよく混ぜる。粉に水分を含ませ、全体をまとめてよくこねる（粉の状態で水分量を加減する）。

4　ポリ袋に入れて常温で30分〜1時間ねかせる。

5　麺板に打ち粉をして、麺棒で丸く伸ばす。

6　平均して厚さが3〜4mmくらいに伸ばしたら、屏風たたみにして3〜4mm幅に切る。打ち粉を払い落とす。

7　沸騰した湯の中に入れ、12〜13分ゆでる。

8　冷水の中に入れ、もみ洗いしてざるにあげる。

練った小麦粉を麺棒で伸ばす

包丁で丁寧に切る

熱湯で丁寧にゆでる

冷水でよく揉みながら洗う

レシピ22 チタケうどん

● **材料　4人分**

チタケ……………………100g
ナス……………………中2個
油……………………大さじ2
塩……………………少々
醤油……………………50cc程度
だし汁……………………3カップ
薬味(ネギ)……………………適宜
ゆでうどん……………………800g

● **作り方**

1　チタケは土のついている所を除き、食べやすい大きさに切る。小さいものはそのままで塩水に10分程度浸しておく。

2　ナスは皮つきのまま縦半分にし、さらに半月に切り、水に5分程度浸してから、水気を切っておく。

3　鍋に油を熱し、1のチタケと2のナスを香りが出るまでよく炒める。

4　だし汁を加えて一煮立ちさせる。醤油で味を整える。

5　うどんをどんぶりに入れ、4のチタケ汁をかける。薬味に小口切りしたネギを添える。

レシピ23 カボチャの甘煮

● 材料　4人分

カボチャ…… 300g

砂糖……… 大さじ2

塩…………… 少々

● 作り方

1　カボチャはきれいに水洗いし、3cm角くらいに切る。

2　カボチャを鍋に入れ、ひたひたよりやや少なめの水と砂糖を入れ、中火で焦がさないように煮含める。最後に塩少々を加えて仕上げる。

※塩のかわりに醤油でもおいしい。カボチャの種類によって砂糖の量は好みで加減する。

※前の晩に、カボチャを切って鍋に入れ、砂糖をまぶしておくとカボチャの水分が溶けだし、水はほんの少量でもおいしく煮える。

※切ったカボチャの面取りをすると煮崩れしないでできあがる（面取りしたカボチャは捨てずに味噌汁の実や、タマネギのかき揚げ天ぷらなどに加える）。

おたまを利用して内側を取る

カボチャを刻む

レシピ24 キュウリとワカメの酢の物

● **材料　4人分**

キュウリ（中くらいのもの）1本
生ワカメ…………………40g
麩（ふ）…………………8個
塩…………………………少々

A　砂糖……………大さじ2
　酢…………………大さじ2
　塩………………小さじ1/2

● **作り方**

1　キュウリは洗って塩少々で板ずりし、2mmくらいの小口切りにする。
2　生ワカメは洗って1cmくらいに切っておく。
3　麩はさっと水洗いして軽く水分を含ませる。
4　1、2、3、をよく混ぜ合わせ、器に盛って食べる直前にAの合わせ酢で和える。

※すりゴマを加えてゴマ和えにしてもおいしい。
※大きくなってしまったキュウリは、皮むき器で皮をむき、縦半分に切って、種を取り薄い半月切りにして使ってもおいしい。また、皮むき器で縦長に挽いたものを酢の物にしても味わい深い。

スプーンを利用して種を取る

レシピ25 ジャガイモとインゲンの煮物

● 材料　4人分

ジャガイモ……………中4個
インゲン……………100g
油揚げ……………2枚

● 調味料

だし汁…………1と1/2カップ
醤油……………大さじ2
みりん……………1/2カップ
砂糖……………大さじ1/2

一口メモ●ジャガイモの品種いろいろ

◯丸形

男爵薯（口の中でほろりと崩れる柔らかさが魅力）
キタアカリ（甘みとほくほくした食感）
トウヤ（やや粘質で火の通りが早い）
インカのめざめ（鮮やかな黄色の肉質、栗のような味わい）

◯長形

メークイン（皮がむきやすく、煮崩れしにくい）
シンシア（煮崩れしにくく、しっとりした舌触り）
ホッカイコガネ（明るい黄金色、フライドポテト用においしい）

◯色つき

アンデス赤（赤い皮に中が黄色。舌触りがなめらか）
ノーザンルビー（淡いピンクの肉色。色を生かしたサラダなどに）
インカのひとみ（赤い皮に中身は黄色。栗のような甘みとうまみ）

● 作り方

1　ジャガイモは皮をむき、食べやすい大きさの乱切りにし、さっと水につける。

2　インゲンは筋をとり、3～4cmに切り、さっと湯がいておく。

3　油揚げは大きめの短冊切りにする。

4　鍋に調味料を入れ、ジャガイモと油揚げを入れて中火で煮る。ジャガイモが柔らかくなってきたらインゲンを加えて煮あげる。

※ジャガイモは品種によって煮上がり時間に差が出たり、煮崩れしやすいものがあるので注意する。
※インゲンは湯がいておいた方が色よく仕上がるが、忙しいときは、ジャガイモがやや柔らかくなったタイミングをみて生のまま入れて煮あげても味がしみる。
※油揚げの替わりに生揚げやさつま揚げでもおいしい。

レシピ26 がんもどきと切り昆布の煮物

● **材料　4人分**

がんもどき……………………2枚
切り昆布………………………10g
生シイタケ……………………4枚
だし汁…………………… 1カップ

● **調味料**

砂糖…………………… 大さじ1
みりん・醤油・酒…… 各大さじ1

● **作り方**

1　がんもどきは、熱湯で油抜きをしてから、4等分にする。
2　切り昆布はざるに入れて、さっと水洗いをして、3〜4cmに切っておく。
3　生シイタケは、2〜4つにそぎ切りする。
4　鍋にだし汁と調味料を入れて、1、2、3を加えてよく煮含める。

※大きいがんもどきは食べやすい大きさに切る。
※がんもどきの代わりに、厚揚げでもおいしい。

インゲンを入れて
色を添えても

団子

春秋の彼岸、盆などに団子はなくてはならない食べ物。あんで包んだ団子は美味。

あんで包んだ団子

団子を丸める

盆棚に供えたお膳

旧暦と新暦

Column

わが国の暦は、もともと中国で用いられていた月の運行を中心としながらも一部太陽の運行を取り入れた太陰太陽暦を用いていた。ところが欧米の文化の積極的導入をはかる明治新政府は、それまでの暦にかわり明治5年12月から太陽の運行を中心とした太陽暦を取り入れた。旧暦とは旧来の太陰太陽暦をいい、新暦とは新しく取り入れられた太陽暦をいう。旧暦の1月は、寒さが極を過ぎて寒さが幾分ゆるむ時期にあたり、一方、新暦は太陽の活動が最も弱まり再び活発になる冬至過ぎの頃を1月としており、両者の間には約1か月のずれがある。

行政機関では政府の方針に従い新暦で行事を実施するようになったが、旧暦での生活が長かった一般庶民にあっては、即座に新暦に移行することができず長らく旧暦で年中行事などは行われた。農村地帯などで新暦が生活の中になじむようになったのは、昭和30年頃のことである。なお、盆行事の場合、新暦で行うと梅雨が明けきらず季節感を伴わないところから一月遅れの「月遅れ」に行うようになった所が多い。

7. 月見は畑作物の収穫祝い

旧暦8月15日を十五夜、9月13日を十三夜という。旧暦は月の動きを主にして決めたものであるところから15日は満月に近い日であり、13日もそれに近く目立つ月であり、行事を行う日取りを決める目安となる。十五夜、十三夜を月見ともいい、古く上流階級では十五夜、十三夜の月を愛でながら詩歌管弦に興じたものであるが、農民にとっては収穫を祝う行事であった。

これらの日には月のよく見える縁側などにススキや枝つきの柿や栗を徳利などにさして飾り、取れたての里芋、サツマ芋、ショウガ、さらに芋煮しめや芋汁やけんちん汁などを供える。また、団子突きと称し、他の家の団子を失敬する風習があり、失敬された家でも縁起が良いといったものである。その他、子どもたちがわらでっぽう打ちと称し稲藁を束ねたわらでっぽうを持って各家の庭先で「十五夜（十三夜）のわらでっぽう、大麦あたれ　小麦あたれ　三角ばったソバあたれ、大豆も小豆もよくあたれ」などと唱えながら集落中を回ったものでもある。打ち終わったわらでっぽうを柿木等に吊り下げておくと、翌年柿がよく実るともいう。供物の内容やわら

月見の団子を供える

十五夜飾りの前でわらでっぽう打ちをする子供たち

でっぽう打ちの唱えごとなどからすると、稲作よりは畑作の収穫を祝う儀礼とも考えられる。わらでっぽうをぼうじぼともいう。わらでっぽうは藁鉄砲の意であり、大地を打ちつける音がパンパンと鉄砲のような音をするところからそう呼ばれるものであり、一方、ぼうじぼとは、穂打ち棒が訛ったものである。

月見団子と里芋料理

十五夜、十三夜には団子が付きものである。団子は米粉に熱湯を注いでこねたものを丸め、それをゆでたものである。十五夜には15個作り、十三夜には13個作る習わしがあるが、家によっては1升の米粉で15個あるいは13個作るとう場合もある。ともあれ月見の団子は、彼岸や盆などに作る団子よりも大きいものを作る。翌日、団子を汁粉やけんちん汁など入れて食べるが、これがまた楽しみでもあった。

里芋はわが国へは稲作よりも古く伝わった栽培作物といわれ、また、栽培適応力が強く水はけのよい台地や扇状地から水田脇の湿った畑でも栽培できるという特質がある。そのために里芋は古くから栽培され、様々な料理に用いられてきた。盆の頃に大きな葉をつけた里芋も十五夜の頃になると何とか収穫できるようになる。十五夜、十三夜には、掘りたての里芋を用いて芋煮しめや芋汁、けんちん汁等が作られた。

芋煮しめは、十五夜、十三夜に限らず他の年中行事や祭りにおける代表的なご馳走であり、里芋、大根、人参、かんぴょう、シイタケ、こんにゃく等を多くは醤油味で煮つけたものである。芋汁は大きく切った里芋を、醤油味ないしは味噌味で煮た汁物である。けんちん汁は里芋、大根、人参、ゴボウ、こんにゃく、豆腐等をゴマ油で炒めてから汁を加え最後に醤油で味付けしたものである。秋から冬にかけて作ることが多く、熱々のものをいただくと体が芯から温まる。なお、けんちん汁の名は、一説によると鎌倉の建長寺で作ったところから建長寺汁が訛ってけんちん汁になったといわれている。

レシピ27 月見だんご

米粉に湯をそそぎながらかき混ぜる

米粉と水とがよく混ざるようにこねる

手のひらで丸める

月見の団子は大きくゆでる

十五夜の供え物

レシピ28 芋串

収穫仕立ての里芋で作った芋串、焦げた味噌だれが香ばしく食欲をそそる。秋から冬はユズ味噌、春先はサンショ味噌がうまい。

● 材料　4人分

里芋…………………400g

● 味噌だれ

味噌…………………100g
砂糖…………………… 80g
みりん……………… 60cc
ユズ……適宜（季節により）
サンショ 適宜（季節により）

● 作り方

1 里芋は一口大の大きさに切りそろえる。
2 蒸し器にクッキングペーパーを敷き、里芋を入れ串が通るまで蒸す。
3 ざるに広げて冷まし、串に3〜4個の芋をさす。
4 オーブン、炭火などで両面を焼く。
5 味噌だれを作る。鍋に味噌、砂糖、みりんを入れて火にかけ、とろみがでるまで、焦げ付かないように混ぜながら煮詰める。好みでユズの皮のすり下ろしや、サンショの葉のみじん切りを加える。
6 4に味噌だれをつけもう一度軽く焼く。

串にさしたゆで芋をガス火で焼く

味噌だれをつけた芋串

レシピ29 けんちん汁

● 材料　4人分

大根……中1/3本（300g）
里芋…………………300g
こんにゃく………… 120g
人参…… 中1/2本（100g）
ゴボウ……中1/3本（50g）
シイタケ……………… 50g
豆腐……………… 1/2丁
ネギ………………… 50g
醤油…………………40cc
塩……………………… 5g
だし汁……………4カップ
油…………………大さじ6

● 作り方

1 大根はいちょう切りにする。
2 人参は半月またはいちょう切りにする。
3 ゴボウは大きめのささがきにし、水につけアクを抜く。
4 里芋は1cmくらいの輪切りにする。
5 シイタケは3〜4つに切る。
6 こんにゃくはひと口大に切り、ゆでる。
7 ネギは2cmくらいの斜め切りにする。
8 鍋に油を煮立て、1〜6までの具を入れてよく炒める。
9 だし汁を入れ、野菜がだいたい柔らかくなるまで煮る。
10 醤油、塩を加えて柔らかくなるまで煮る。
11 豆腐を手で千切って入れる。
12 ネギを入れて仕上げる。

けんちん汁の具材

人参をいちょう切りにする

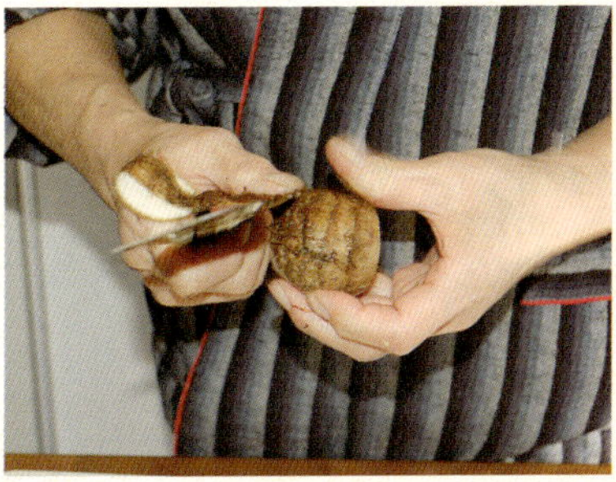

里芋の皮をむく

ゴボウの皮をこそげる

ゴボウは大きめのささがきに

豆腐は手で千切って入れる

8. じじん様と恵比寿講

稲刈り・脱穀・俵詰めと一連の作業が終わる晩秋は、稲の無事収穫を祝うじじん様やの恵比寿講の祭りが行われる。じじん様は旧暦10月10日に行われ、旧暦2月10日と対をなす行事である。2月10日にやって来たじじん様（地の神、転じて田の神様）が稲の無事収穫を確認し帰る日とされる。カエルをじじん様の使いとする所があり、この日は「鍬鎌止め」と称して農作業を休む。地面に潜るカエルを傷つけないためだという。じじん様の日には、収穫仕立ての米で餅や団子を12個（月の数・旧暦では13カ月ある年もあった）作り神棚に供える風習がある。

恵比寿講は旧暦10月20日に行われ、旧暦1月20日と対をなす。1月20日に稼ぎに出た恵比寿・大黒様が10月20日に帰って来る日とされ、そうしたことから10月の恵比寿講には、お金を稼いできた恵比寿・大黒様を迎える意味から供えるご飯やそばを大盛りにする習わしがある。

恵比寿講の祭りは夜に行われる。神棚に祀ってある恵比寿・大黒様の像をおろして台の上に安置し、その前にそれぞれご馳走を盛った膳を供える。お膳には高盛りにした白米飯や赤飯にそば、それにお頭付の魚を供える。一般の家庭ではサンマが多いが、お大尽の家では鯛を供える場合もある。その他に「かけブナ」と称して生きた鮒を入れたどんぶり、財布やそろばん等を供える。供物は家族そろっていただいたものであり、膳からおろす際には「何万両で買います」などと景気のよい言葉をいったものでもある。

肥料商では、この日お得意の農家を招いて酒肴を振る舞ったものである。招かれた農家では、手ぶらでは行けないところから前借した肥料代を持参したものであり、そうした支払いを「エビスコ勘定」ともいった。

稲束の上にじじん餅を供える

餅を12個一升枡に入れて供える

エビスコのお膳

恵比寿大黒様にご馳走を供える

恵比寿講の振る舞い

恵比寿講と手打ちそば

秋の恵比寿講の頃は、ソバの収穫が終わり、稲の収穫も終わり一段落できる頃である。収穫仕立ての新ソバを粉に挽き、それを打って食べる時間的余裕もできてくる。そうした中で行われるのが恵比寿講であり、恵比寿講にはそばを打つ家が多かった。食べ方は、ゆでたそばを醤油味の下地につける場合と、そばに刻んだネギや鶏肉を入れた醤油味の汁をかけて食べる場合とがある。恵比寿講にはけんちん汁を作る場合が多く、けんちん汁をかけたけんちんそばにして食べたものでもある。

レシピ30 手打ちそば

● **材料　4人分**

ソバ粉……………………400g
小麦粉(中力粉)………100g
水……………… 200〜250cc
打ち粉…………………… 適量

● **薬味**

ネギ……………… 適量
ワサビ…………… 適量

● **作り方**

1　ソバ粉は小麦粉と合わせて2度ふるいにかける。

2　大き目のボールに粉を入れ水の70%を少しずつ加え混ぜ、細かい粉の粒子を作る。

3　残り水を、粉の状態を見ながら少しずつ加える（柔らかくしすぎないように注意する）。

4　こね鉢に一つにまとめ、なめらかになるまでよくこねる。

5　麺板に生地をのせ、麺棒でのし、1〜2mm厚さまで伸ばす。

6　たたんで、包丁で1〜2mm幅に切る。

7　たっぷりの湯で、3〜5分程度ゆでる。

8　冷水にとり、軽くもみ洗いしながら2〜3度水を取り替えて冷ます。

9　ざるにあげ、水が切れないうちに食べる。

つゆ(汁)の作り方

● 材料　4人分

◆ **返し(できあがり1ℓ)**

醤油……………………900cc
砂糖……………………140g
水………………………45cc

◆ **そばつゆ(つけ汁・4～5人分)**

だし汁…………………300cc
返し……………………90cc
みりん 50～90cc(好みで調節)

● 作り方

1　鍋に砂糖と水を入れて煮溶かす。

2　醤油を合せ、ビンまたはカメに入れ、1週間程冷暗所で寝かす。

※返しは保存がきく。

◆ **そばつゆ(つけ汁)**

だし汁と返し、みりんを加えさっと煮立てて冷ます。

※使用目的により、だし汁で調節する。

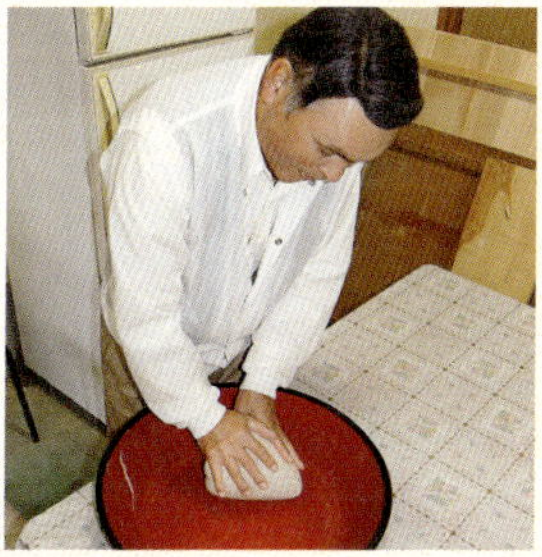

ソバ粉をこねる

麺棒で平らに伸ばす

切ったそばは、バラバラにしない

そばをゆでる。うどんよりも短時間でゆであがる

レシピ31 ふろふき大根

● 材料　4人分

大根…………20cm
米のとぎ汁‥3カップ
だし汁………3カップ

● 味噌だれ

味噌……………100g
砂糖…………… 80g
みりん………大さじ1
ユズ果汁……1個分

● 作り方

1 大根は皮をむき、5cm長さの輪切りにする。上下を面取りし、下になる方に十字に切り込みを入れておく。

2 1の大根を、米のとぎ汁で、さっと湯がく。

3 湯がいた大根を水にとり、さっと洗い流してから再度鍋に戻し、かぶる位のだし汁で大根が柔らなくなるまで煮る。

4 味噌だれの調味料を鍋に入れ、火にかけ焦がさないように練る。このとき、ユズ果汁は火を止める直前に入れる。

5 大根を皿に盛り、食べる直前に味噌だれをかける。

※米のとぎ汁がないときは、水でゆでこぼす。

厚く切った大根の面取りをする

ユズ味噌を加えたふろふき大根
ユズの皮の細切りをのせても香りがよい

Column

食膳の移り変わり 箱膳からちゃぶ台・テーブルへ

ここ100年くらいの普段の食事での食膳の移り変わりは箱膳からちゃぶ台、そしてテーブルというのが定番である。箱膳は各自にあてがわれた個別的なものであり、一方ちゃぶ台、テーブルは家族がこれら食卓を囲み、大皿に盛った料理を皆で取り合って食べる和気藹々型のものである。

箱膳は、箱に蓋がついたもので、使用する際には蓋を裏返しにして箱に乗せ、その上に飯椀、汁椀、皿などを乗せて用いたものであり、使用後は食器具を箱の中に入れ蓋をして戸棚に仕舞いこんだ。箱膳を使用していた当時の料理の内容は、飯椀には麦飯、汁椀には季節の野菜類を入れた味噌汁、皿には季節の漬物、以上が定番で、その他に塩引き鮭とかホウドシ鰯等の焼き魚、キンピラゴボウ、ナンキンの煮つけ、酢の物等がついた極めて粗食なものであった。

ちゃぶ台は、4本脚の食事用座卓で、欧米のダイニングテーブルの影響を受けて用いられるようになったものである。一般的に方形あるいは円形をしており、折りたたみができるものが多く、使用していない時には足を折りたたみ戸棚の脇の隙間に入れ込こむことができるという機能的なものである。箱膳のように食事の座という上下の関係があまり感じられず、昭和初期の家族の団欒を象徴するシンボルとして取り上げられる。明治中頃より使用されるようになり、大正期から昭和期にかけて全国的な普及を見た。

椅子式のダイニングテーブルは、昭和30年代頃より農家の生活改善や住宅の洋風化等に伴い普及し始めた。最近は膝を痛めるお年寄りの増加により一層椅子式のダイニングテーブルが取り入れられている。

箱膳で食事をする

レシピメモ

Ⅲ

内陸地域ならではの川魚の利用

内陸部に位置する宇都宮では、新鮮な海産物をふんだんに食べられるようになったのは、冷蔵庫が普及してからであり、それ以前は、乾物や塩引き鮭などが主であった。そうしたことから身近な川魚の類は、貴重なタンパク源として利用されたものである。

田んぼを作る農家では、夏になると田んぼの水口に筌をふせドジョウを捕り、ドジョウ汁にして食べたものである。丸々と太ったドジョウ、大きく育ったニラを刻み、溶き卵を入れた醤油味のドジョウ汁は、暑さに体力を失いがちな夏場、精力がつくとして喜ばれた。

鬼怒川や田川など大きな川筋では、春先に産卵のために群れるアイソ（和名ウグイ）を、秋には産卵のために下る鮎を捕え食べたものである。アユの場合、串に刺し、塩を振ってから炭火で焼いた塩焼きが一般的であるが、塩を振らずに焼いてから砂糖味噌を塗りつけた魚田、油で揚げてフライにしたもの、砂糖醤油で長時間煮込んだ甘露煮、あるいは鮎飯等も好まれる。一方、アイソの場合は、多少骨ばったいので甘露煮にする場合が多い。

なお、一度に食べきれないアイソやアユは、串に刺し、それを巻き藁に突き刺し囲炉裏のかたわらに吊り下げて保存したものである。（ドジョウ汁については「Ⅰ-2祭りに見る伝統料理 東下ケ橋の八坂神社の祭りとドジョウ汁」を参照）

レシピメモ

レシピ 32 鮎飯

● 材料 4人分

米………… 3カップ
生鮎…………… 4匹

● 炊飯用調味料

酒……… 1/2カップ
醤油……….大さじ1
塩……… 小さじ1/2
水……1と1/2カップ

● 作り方

1 米はよく洗って、炊飯用調味料と水に30分位浸しておく。
2 鮎はワタを取り除き、素焼きにしておく。
3 1の米に、鮎をのせ、炊飯スイッチを入れる。
4 炊きあがったら、頭と骨を取り除き、ご飯と鮎の身をほぐして、よく混ぜ合わせる。
5 このとき、味を見て、薄いようなら塩を加えて、味を調整し少し蒸らす。

※器に盛り、好みで、青しその千切りや、針ショウガを加えてもおいしい。

米の上に素焼きにした鮎をのせる

レシピ33 アイソの甘露煮

春先にとったアイソは、まだ小さくその分骨も軟らかく食べやすい。

● **材料**

アイソ（軽く火にあぶったもの）…………………1kg

● **煮汁**

ざらめ（三温糖でも可）
………………300〜350g

醤油………………200cc

酒…………………200cc

梅干し…………5〜7粒

湯…………………… 適宜

● **作り方**

1 アイソがゆっくり入るなべに調味液を入れ一度沸騰させる。

2 アクを取りながら甘辛具合を確認する。少し甘いくらいがよい。

3 アイソを丁寧に入れる。

4 落としぶたをして弱火でコトコト煮る。必要に応じて差し湯する。

5 3時間位弱火で煮ると骨まで柔らかくなる。このとき一気に煮るのではなく、夜2時間位煮たら火を止め、翌朝1時間位煮ると味がよくしみこむ（あくまで弱火で、鍋のふたは開けておくと臭みが抜けやすくなる）。

6 焦げ付かさないよう注意して煮詰め、煮汁が残っているように煮あげる。

※一緒に煮た梅干しも美味しく食べられる。
※好みでショウガやみりん、水飴を入れてもよいが、最初はシンプルなほうが、素材のうまみが引き出せる。
※甘露煮といっても日持ちしない味なので、火入れしながら早めに食べきる。
※煮崩れをしないよう、煮始めたら鍋を揺すったり、はしを使ったりしないで煮る。

串に刺したアイソ

レシピ34 ワカサギの南蛮漬け

● 材料　4人分

ワカサギ（ないときはアジなど）
……………………………… 400g
片栗粉…………………… 適宜
塩………………………… 少々
揚げ油…………………… 適宜
タマネギ……………… 小1個
ユズの皮（ないときは甘夏やレモン）
……………………………… 適宜
輪切りとうがらし………… 適宜

● 調味液

酢……………………… 250cc
麺つゆ………………… 100cc
砂糖………………… 大さじ2
ユズの絞り汁…………大さじ1

● 作り方

1　タマネギとユズの皮はなるべく薄くスライスしておく。

2　輪切りとうがらしは熱湯をかけておく。

3　調味液はあらかじめ大きめのボールに合わせておく。

4　ワカサギは水洗いし、ざるにあげて水気を切り、少し塩を振っておく。

5　ワカサギに片栗粉をまぶし、170～180度の油でかりかりに揚げる。

6　かりかりに揚がったワカサギを、熱いうちに調味液に漬ける。

7　最後にスライスしておいたタマネギ、ユズの皮、2のとうがらしを入れる。

※すぐに食べられるが、密閉容器に入れ、冷蔵庫で一晩おくとさらに美味しくなる。骨の硬い魚も食べやすくなる。

※調味液は少し濃いめなので好みで調整する。

レシピメモ

Ⅳ
特産品を用いた料理

畑が広がる栃木県は、稲作以外にも多くの農作物が栽培され、また、明治以降は酪農なども発展した。中でも麦の類、かんぴょうは、栃木県を代表する特産品（食糧以外では麻、葉煙草などもある）であり、近年はイチゴやニラ、生乳等も全国一の生産量を誇り、また、宇都宮市内の新里付近で栽培される新里ネギやユズも知られる。

1. かんぴょうの利用

かんぴょうとは、ユウガオの果肉をむいて乾燥させたものをいう。栃木県におけるかんぴょうの生産は、一般に江戸時代正徳２年（1712）に壬生藩の藩主鳥居忠英《とりいただてる》が、前任地の近江国水口（現、滋賀県）よりユウガオの種を取り寄せて栽培をはかったのが始まりといわれている。ユウガオの栽培・かんぴょうの生産に適した壬生近辺の畑作地帯ではユウガオの栽培がたちまち広がり、かんぴょうは農家の貴重な現金収入源となった。

かんぴょうは、米や麦、ソバのように料理の主材料にはならないが、どのような味にも馴染むために補助材として用いられてきた。代表的なものに砂糖醤油で煮つけたかんぴょうを芯にした海苔巻き鮨、同じ味付けのかんぴょうで結んだ稲荷鮨、細かく刻んだかんぴょう・人参・ゴボウ・シイタケなどを砂糖醤油で煮込んだものを酢飯の中に混ぜ合わせた五目めし、かんぴょう・大根・里芋・人参・こんにゃく等とともに煮つけた煮しめ、あるいはかんぴょうの卵とじなどがある。

食物繊維を十分に含んだかんぴょうは、腸の働きをよくするものとしてダイエットや大腸がん予防に効くとして見直されている。

庭先でのかんぴょう干し、夏の風物詩でもある

レシピ35 かんぴょうの卵とじ

● **材料　4人分**

かんぴょう…………12g
卵……………………2個
ミツバ…………… 少々
醤油………… 大さじ1
塩………… 小さじ1/3
だし汁………… 3カップ

● **作り方**

1 かんぴょうは水洗いし、塩でよくもみ、水を取り替えて堅めにゆでる。

2 ゆでたかんぴょうを2cmくらいに切り、といた卵の中に入れ、よくかき混ぜる。

3 だし汁を煮立て、塩、醤油で調味し、沸騰したら2を入れ、具がふわっと固まったところで火を止め、椀に盛り、ミツバをのせる。

※醤油のかわりに味噌を使ってもよい。

● **かんぴょうの戻し方**

かんぴょうは水洗いした後、よく塩もみしてから、漬け物や和え物にする場合はたっぷりの熱湯につけ歯ごたえを残すとよい。柔らかく煮つけるときは好みの柔らかさにゆでる。

五目めしとかんぴょうの卵とじ

レシピ36 かんぴょうのゴマ酢和え

● **材料　4人分**

かんぴょう…15g（戻して90g）
油揚げ…………………… 30g
人参………………………15g
キュウリ……………… 小1本

● **調味料**

すりゴマ………… 大さじ2
酢…………………大さじ2
砂糖……………… 大さじ2
ゴマ油……………小さじ2
塩……………… 小さじ1/2
醤油……………… 小さじ2

● **作り方**

1　かんぴょうは塩でもんでから、水で洗い流し、熱湯に20分くらいつけ、水けを絞り3〜4cmに切る。

2　油揚げは熱湯をかけて油抜きし、千切りにする。

3　人参は洗って皮をむき、長さ3〜4cmの千切りにする。

4　キュウリも3〜4cmの千切りにする。

5　3、4に塩少々ふりかけ、軽くもむ。

6　調味料を混ぜ合わせ、かんぴょう、油揚げ、人参、キュウリを和える。

※食べる直前に和えるとよい。

レシピメモ

レシピ37 かんぴょうのたまり漬け

材料　4人分

かんぴょう…20g（戻して120g）

漬け液

醤油………………… 大さじ4
砂糖………………… 大さじ2
酒………………… 大さじ1弱
みりん……………… 大さじ1
赤トウガラシ……………1本

作り方

1　かんぴょうは洗って塩もみし、10~15分水につけて戻す。

2　戻したかんぴょうに熱湯をたっぷりかけ、冷水にとって冷まし、よく水気を切る。3cm位の長さに切っていく。

3　漬け液用調味料を一煮立ちさせ冷ましておく。

4　赤トウガラシは種を除き、薄い輪切りにして漬け液に加える。

5　かんぴょうを漬け液に漬け、一晩おいてから食べ始める。

※かんぴょうの歯ごたえを残すため熱湯をかけるだけにする。
※シソの実、ミョウガを加えてもおいしい。

レシピ38 海苔巻き鮨

● **材料・分量**
太巻き3本分・細巻き4本分

米……………3カップ（450g）

[合せ酢]

砂糖………………大さじ1/2
酢……………………… 60cc
塩……………小さじ1と1/2

[卵焼き]

卵…………………………2個
砂糖…………………… 15g
塩……………… 小さじ1/2
油……………………… 少々

キュウリ…………………1本
塩………………………… 少々
おぼろ………………… 20g

[かんぴょう煮]

かんぴょう……………… 30g
だし汁…………………250cc
醤油…………………… 50cc
酒……………………… 50cc
砂糖…………………… 75g
みりん…………………10cc

海苔 太巻き用3枚、細巻き用2枚

ご飯に合酢を混ぜる

巻きすの上で巻く

できあがった海苔巻き鮨、稲荷鮨

● 作り方

下準備　米は洗って、1時間程度浸して水を切る。合せ酢の材料を混ぜ、砂糖をとかしておく。

1　米は、同量の水加減で堅めに炊き、合せ酢を、ご飯を切るように混ぜ合わせる。

2　かんぴょうはもどして熱湯でゆがき、だし汁～みりんの調味料でゆっくり煮含める。

3　卵はほぐし、砂糖と塩を加えて、よくかき混ぜ、油を引いたフライパンで厚めの卵焼きをつくる。

4　キュウリは塩少々で板ずりし、縦に6等分に切る。

太巻き鮨（3本）を作る

1　巻きすに、海苔を縦長に広げ、1本分のご飯約230gをのせ、全体に広げる。巻き終わりは少しあけておく。

2　中心を少し押さえ、上にかんぴょう、卵、キュウリ、おぼろをきれいに置く。

3　巻きすで芯をくるむように巻き、巻き終わりに酢をつけしっかりと止める。

4　6~8個に切り分ける。

細巻き鮨（4本）を作る

1　海苔は横半分に切り、巻きすにのせ、ご飯100gを広げてのせ、中心を押さえる。

2　中心にかんぴょうをのせ、巻きすでかんぴょうをくるむように丸め、巻きを終わりに酢をつけてしっかり止める。

3　4個くらいに切り分ける。

レシピ39 稲荷鮨

油揚げが、稲荷の神の使いとされるキツネの好物であるということから「稲荷鮨」と呼ばれている。油揚げ鮨にかんぴょうを巻くのが栃木の特徴で、米がたくさん入った俵を表している。

●材料・分量　10個分

米…………… 2カップ（300g）

A　合せ酢

　酢…………………………40cc

　砂糖………………………10g

　塩……………… 小さじ1/3

かんぴょう…………………10g

油揚げ………………………5枚

B　だし汁……………… 500cc

　醤油………………… 100cc

　酒…………………… 100cc

　砂糖………………………60g

　みりん……………………20cc

●作り方

1　米は同量の水加減で炊き、Aの合せ酢をご飯を切るようにして混ぜ合わせる。

2　油揚げは横半分に切り、口を開いて袋状にし、熱湯をかけしっかり湯抜きをする。

3　かんぴょうは戻して、熱湯で湯がく。

4　Bの調味料を作り、油揚げとかんぴょうをじっくりと味がつくように、煮含める。

5　1の酢飯を1個50g程度に、俵型に握る。油揚げの口を開いてご飯を詰め、中心をかんぴょうで結ぶ。

レシピメモ

酢飯をにぎる

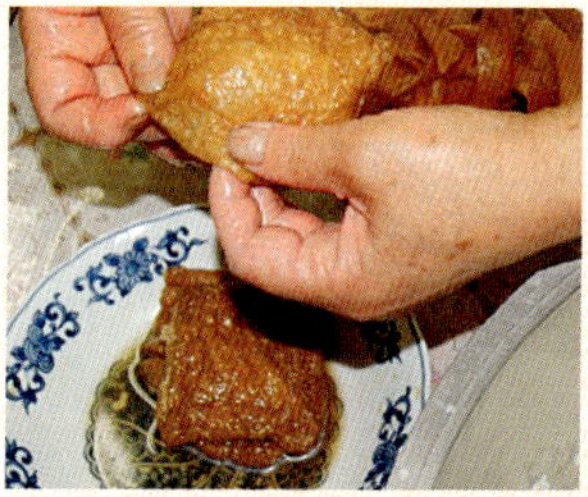

袋状の油揚げに酢飯をつめる

かんぴょうで巻く

Column

花見・運動会と鮨

かつて花見や運動会には、きまって海苔巻き鮨や稲荷鮨を重箱に入れて持参したものである。鮨は、普通のご飯に比べ傷みにくく、かつ、お椀などが無くても場合によっては手づかみで食べることができ、また、鮨だけで他の副食物が無くとも食べることのできる簡便な料理だからである。その点では、同じような行楽などに持参されるサンドイッチに劣らないものがある。

2. 新里ネギの利用

ネギの原産地は、中央アジアの乾燥地帯といわれる。石ころ混じりでしかも水はけのよい畑が広がる新里は、良質のネギが育つ所として知られている。ネギは刻んで豆腐などとともに味噌汁や醤油汁に用いたり、そばやうどん、納豆の辛みとして、また、大きく刻んだネギを茹で砂糖味噌をからんだネギのぬたは美味である。

レシピ 40 ネギぬた

● 材料　4人分

ネギ……………… 300g

● 酢味噌

味噌……………… 50g
砂糖……………… 50g
酢……………… 大さじ3
酒……………… 大さじ1
みりん………… 大さじ1
練りからし…… 小さじ1

● 作り方

1 ネギは、3cmくらいの長さに切ったものを蒸し器に入れて蒸す。火が通ったら、ざるにあげて冷ます。
2 ボールに酢味噌の材料を入れよく混ぜ合わせておく。
3 酢味噌にネギを入れよくあえる。

酢味噌に火が通ったネギを入れる

レシピ41 ネギ味噌まんじゅう

● 材料　10個分

○ 具材

ネギ……………………250g
味噌……………………35g
砂糖……………………5g
油…………………大さじ1/2
パン粉…………………15g

○ 生地

中力粉…………………250g
スキムミルク…………25g
ベーキングパウダー 12g
砂糖……………………35g
水………………125~135g

※クッキングペーパーを準備

● 作り方

1 ネギは2mmくらいの小口切り。油でしんなりするまで炒め、分量の味噌・砂糖を加える。

2 あら熱が取れてからパン粉を少しずつ加え、ネギ味噌の水分を調整する。

3 10等分にして丸め、冷凍する（包みやすくするため）。

4 中力粉、スキムミルク、ベーキングパウダーを混ぜてふるいでふるう。

5 ボールに水、砂糖を入れてよくかき混ぜ、4の中に入れて練る。

6 練った生地は5分間ほど寝かせる（少し柔らかめでよい）。

7 生地を10等分して丸めてから円形に伸ばし、3を包む。

8 蒸し器にクッキングペーパーを敷いて、7を乗せ12分から15分蒸す。

※このまんじゅうは、新里ネギの産地にある「国本地区食生活改善推進協議会」のメンバーが考案したものです。ネギのおいしい季節にぜひ作ってみてください。

3. 牛乳の利用

わが国では奈良時代すでに牛乳を用いて酪・蘇・醍醐といった乳製品に加工され一部の階級層には食べられていたとの記録があるが、その後、聖武天皇が肉食の禁を出したことで、以後、仏教の普及と共に、次第に牛乳の利用は薄れていったとされる。酪農が盛んとなり牛乳が利用されるようになったのは、明治期に欧米から酪農がもたらされてからである。

広大な那須扇状地や台地が広がり、かつ、大消費地である東京に近い栃木県は、北海道に次ぐ酪農王国として発展し、生乳の出荷では日本一である。牛乳は蛋白質、カルシウム、脂肪、必須アミノ酸等の栄養成分がバランスよく豊富に含まれる。牛乳の生産県ならではの、牛乳を用いた新たな料理を工夫創作し豊かな食生活を送りたいものである。

レシピ42 チーズケーキ

●材料　21cm型1個分

1卵(全卵)………………2個
2砂糖……………………50g
3小麦粉（薄力粉）　大さじ2
4バニラエッセンス……少々
5生クリーム……1箱（200cc）
6クリームチーズ　1箱（250g）

●作り方

1　1~6までの材料を、順番にミキサーに入れなめらかになるまで回す。このとき、クリームチーズはある程度細かく切ってから入れる。

2　1を型に流し入れ、170度に温めたオーブンで45分焼く。冷めたら、冷蔵庫で冷やす。

※クリームチーズはメーカーによって1箱200gのものがある。その場合は、200gでもOK。

レシピ43 牛乳寒天 ブルーベリーソース添え

● **材料　4人分**

粉寒天（1袋）…………4g
水………………… 2カップ
砂糖………………… 60g
牛乳…………… 1カップ

[ブルーベリーソース]

ブルーベリー………150g
砂糖…………………30g

● **作り方**

1　分量の水に粉寒天を入れかき混ぜ、火にかけ、沸騰したら1〜2分よくかき混ぜる。砂糖を加え溶けたら、火を止める。

2　あら熱をとり、牛乳を加えてよく混ぜ合わせ、容器に流して冷やし堅める。

3　ブルーベリーはよく洗ってから、耐熱容器に入れ、分量の砂糖をまぶしておく。

4　3を電子レンジに最初2分位かける。いったん、容器を取り出し、全体をかき混ぜる。ブルーベリーの状況を見てソース状になるまでさらに1〜2分レンジにかける。

5　固まった牛乳寒天に、冷ましたブルーベリーソースをかけて食べる。

※ブルーベリーのないときは、季節の果物（缶詰でもよい）を添える。

レシピ44 ババロア

● 材料　18cm型1個分

ゼラチン………20g（4袋）

① 砂糖…………70〜80g
　生クリーム………200cc

② 牛乳……………250cc
　全卵………………1個

● 作り方

1 ゼラチンを少量の水でふやかしておく。

2 ②をボールに入れ、よく混ぜ合わせておく。

3 ①を鍋に入れ、沸騰直前で火を止める。

4 ①、②を熱いうちに混ぜ合わせる。

5 あら熱を取り、型に流し、冷蔵庫で冷やし堅める。

※ゼラチンは寒天と違って、常温では固まらないので、冷蔵庫で冷やし堅める。

4. 餃子で街作り　餃子作りに挑戦しよう！

宇都宮市が餃子の街となったきっかけは、市内有名餃子店が戦前中国北京で習得した餃子作りを活かして餃子の専門店を昭和33年に開店したことと、戦前中国北東部に出兵していた兵士たちが滞在中味わった餃子が忘れられずに有名店を利用したこと等から餃子を食べることが広まったといわれる。

幸い餃子は安価であり、かつ冬の寒い宇都宮ではスタミナをつけるに格好な食べ物でもあることから市民に好まれ今日に至っている。

ところで中国では餃子は、家庭料理である。宇都宮市でも家庭で餃子を作り、食べるようになった時こそ、餃子は市民権を得た宇都宮の名物料理といえよう。

レシピ45 ニラ餃子

● 材料　40個分

- ニラ……………………2束（200g）
- キャベツ……………………200g
- ショウガ…………………… 1かけ
- 豚挽肉………………………200g
- 餃子の皮（大判）………… 40枚
- 塩………………… 小さじ1/2
- こしょう………………………少々
- ごま油……………… 大さじ1/2
- サラダ油………………… 焼き用
- 酢、醤油、ラー油……… 食卓用

● 作り方

1. キャベツをみじん切りにし、軽く塩（分量外）をふり、しんなりしたら水気を絞る。
2. ニラ、ショウガもみじん切りにしておく。
3. 豚肉と1、2の野菜をボールに入れ、塩、こしょう、ゴマ油を加えて手でよく練り混ぜる。
4. 餃子の皮に3をカレースプーン1杯くらいのせ、ひだをつくりながら包む。

●焼き方

1　フライパンにサラダ油大さじ1を熱し、餃子を1度に20個程度並べる。中火で焼き、焼き色がついたら、水1/2カップを加え、ふたをして、火をやや弱め、5〜6分蒸し焼きにする。水分がなくなったら、ゴマ油大さじ1を回しかけ、やや強火にして、ふたをし、さらに1分程度焼く。好みで酢、醤油、ラー油をつけて食べる。

(参考)

1　水餃子にする場合は、中華味のスープの素を加えた、多めの湯で5〜6分ゆでる。ゆでた餃子を皿にとり、好みで醤油、酢、ラー油をつけて食べる。

2　このとき、残ったゆで汁は捨てないで、卵を溶き入れたかき玉スープにしてもおいしい。スープの彩りに、トマトやレタスを最後にさっと加えてもよい。

※餃子に入れる具は、白菜やチンゲンサイ、シイタケなどをみじん切りにして加えてもおいしい。いろいろ工夫して、我が家の餃子を作り上げてください。
※次は、餃子の皮作りにも挑戦してみよう。

レシピメモ

冠婚葬祭用の食膳　本膳一式

Column

結婚式や葬式等人寄せで用いる食膳は、本膳（ほんぜん）と称し、特別なお膳を用いた。脚が高くなっているところから高足膳、足先が猫の足のような丸い形をしているので猫足膳とも呼ばれ、春慶塗を施したものや厚く漆を施したものがある。親椀・汁椀・壷・平・皿・箸で一揃いとなっている。結婚式は昭和30年頃まで各家で行い、料理は仕出し屋に依頼することが多かった。仕出し屋による料理では、親碗にうどん、汁椀に吸い物、壷に酢の物、皿に口取りと称して鯛のお頭付、煮付け魚、海老、数の子、紅白のかまぼこ、きんとん、羊羹など全部で七品の料理を盛りあわせたものである。一方、葬式は昭和50年代頃まで各家で行われ、葬式組の女たちが料理を作ったものであり、料理の内容は親碗に白米飯、汁椀に豆腐汁、壷にナンキン豆の煮ものや白インゲンのあんかけ、平には煮しめとその上に煮つけたがんもどきを乗せたもの、皿にはこんにゃくの白あえ等を盛ったものが一般的であった。

裕福な家では、本膳一式を20揃いとか30揃い所有し、中には結婚式用と葬式用とを所有する家もあったが、多くは組内で共有し、しかも結婚式、葬式を兼ねたものであった。

葬式の本膳での食事

5. 簡単な保存食の作り方　乾燥気候を有効に活用

晩秋から冬にかけて晴天が続き湿度が低くなる宇都宮は、昔から乾燥食品作りが行われてきた。冷蔵庫普及以前、乾燥食品は代表的な保存食であった。大根を干した切り干し大根、渋柿を干して作った干し柿、里芋の茎で作った芋がら、ゆでたサツマ芋から作った乾燥芋などは、身近な乾燥食品であるとともに、「もったいない」の言葉を実践した作物の有効活用でもある。

レシピ46 芋がら

芋がらとは里芋の茎をいう。黄緑色をしたものと赤茶けた色をしたものとがあるが、赤茶けたヤツガシラの茎を用いるとえぐみが少ない。

● 作り方

1　芋がらをよく水で洗い泥などを落とす。手で表面の皮をむく（皮むき器・ピーラーでむくと簡単。また、茎のアクで手がかゆくなる場合があるのでキッチン用手袋をするとよい。アクが手についたら酢をつけるとかゆみがなくなる）。

2　むいた物を日当たりおよび風通しがよく、かつ雨の当らない所でよく乾かす。保存の仕方は、ジップロックなどに入れておくと便利。

※芋がらの料理一例　【芋がらの炒め煮】芋がらをよく洗い、熱湯に浸してやわらかくなるまで戻し、水ですすぐ。戻した芋がらをよく絞り、3cmくらいの長さに切る。鍋を熱し油を入れ、芋がらと細かく刻んだ油揚げを入れて炒め、だし汁、醤油、みりんを加え弱火にし、味がしみるまで煮る。

レシピ47 切り干し大根

● **作り方**

1 よく洗った大根の皮をむき、5mmぐらいの厚さの輪切りにする。

2 輪切りにした大根を4～5枚重ね、幅5mmくらいの千切りする。

3 平たいざる、なければ新聞紙の上などに千切りにした大根を万べんなく広げ、陽当りおよび風通しがよく、かつ雨のあたらない所で2週間くらい干すとでき上がる。

4 でき上がった切り干し大根は、茶筒やジップロックなどにつめ乾燥剤を入れて保存する。

※切り干し大根の料理一例 【切り干し大根の炒め煮】水に十分浸してもどす。もどした切り干し大根の水気を切る。鍋に油を入れ切り干し大根、ささがきした人参、細かく刻んだ油揚げを入れて炒める。人参に軽く火が通ったらだし汁を加えて煮立たせる。煮立ったら醤油、砂糖、みりんなどを加え落し蓋をして5分程煮る。その後落し蓋を外し、煮汁がなくなるまで煮る。

レシピ48 乾燥芋

● **作り方**

1 サツマ芋を水でよく洗う。皮をつけたまま1~2時間ほどかけて蒸す。

2 蒸したサツマ芋の皮をむき、縦1cmほどの厚さに切る（切らずに丸のまま干してもよい）。

3 切ったものをすだれなどの上に広げ、日当たりおよび風通しがよく、かつ雨の当らない所でよく乾かす。約1週間ほどでできあがるが、丸のままの場合には20日間ほど干すとできあがる。干しすぎて堅くしてしまったものは、そのままでは食べづらくなる。

※さつま芋を収穫後に寒気にあて糖化させると甘味が増す。蒸さずにゆでたものを干した場合、澱粉が糊化しないので蒸したものより固くなる。

※最近は「万能干し籠」が売られており、家庭で少量の切り干し大根、芋がら、乾燥芋などを作る場合には利用すると便利。

レシピ49 干し柿

干し柿を作るには、渋柿を用いる。宇都宮あたりでは、ハチヤ柿が一般的である。なお、自分で柿をもぎる場合は、枝の部分から取り、柿のへたに伸びた部分と枝の部分がT字形になるようにする。T字形にしないと皮をむいた柿に紐を掛けられなくなってしまう。

● 作り方

1 皮むきは、まずへたの回りを一回りむき、その後尖った先の方へ向かってむくとむきやすい。

2 皮をむいたら60cmから70cmほどに切った紐の両端にT字形に引っかけて結ぶ。

3 鍋に水を入れ沸騰させ、その中に紐に結んだ柿を5秒間くらい入れ殺菌消毒する。そうするとカビが生じにくい。

4 もの干し竿にかけて2週間くらいで食べられる。干す場所は、日当たりおよび風通しがよく、かつ雨の当らない所。ただし、柿どうしをくっつけないように、くっつけるとくっつけた所から傷む。
干し始めて5日くらいたってから柿をよく揉むと渋が早く抜けて甘くなる。

5 中身がやわらかなうちに食べてもよし、表面に真白く粉がふき中身が堅くなってから食べてもよし。
保存の仕方は、紐から外しジップロックなどに入れておくと便利。

冬への備え　干し柿を吊るす

レシピメモ

附録　ある家の年中行事一覧（昭和30年ごろまでのこと　今里地区　旧暦）

月	日	行事	食べるご馳走
1	1	元日	朝……赤飯、煮しめ、塩引き鮭粕煮、なます、煮もの、ようかん、きんとん、きんぴら、ニシンの昆布巻き、豆腐汁 昼……朝と同じ　夜……うどん、餅
	2	仕事はじめ	夜……白米飯、とろろ
	4	たなさがし	正月3日間年神様に供えた赤飯を蒸かして食べる
	6	山入	餅
	7	七草	七草粥
	11	鍬入り	汁粉
	14	鬼焼き	繭玉団子、餅
	15	小豆粥	小豆粥
	24	二十日正月 初えびすっこ	朝……小豆飯、煮しめ、汁粉 夜……白米飯、煮しめ
	24	地蔵様	あんころ餅、煮しめ、なます、きんぴら、うどん
	28	矢板市玉田の ソウゼン様	赤飯、団子
2	初午	初午	赤飯、しもつかれ
	8	こと始め	赤飯か小豆飯
	10	じじん様	丸餅
		彼岸	入り……ぼた餅、中日……あんころ餅、草餅 送り彼岸……白団子
3	3	節句（女の節句）	草餅、菱餅（草餅と白餅）
		麦ごと	白餅、草餅
5	5	節句（男の節句）	柏餅
		田植え	朝……白米飯、塩引き鮭、おつけ（味噌汁）、こうこ 昼……赤飯、煮豆、ニシン味噌、生揚げ、こうこ 夜……うどん、汁、煮魚、おひたし、酒

月	日	行事	食べるご馳走
6	1	むけの朔日	粥
		さなぶり	朝……赤飯、あんころ餅、煮しめ 昼……うどん、煮魚、おひたし、豆腐汁 夜……白米飯、魚、豆腐汁、ゴマ和え、酒
7	1	釜のふた	炭酸餅
	13〜16	盆	13日　夜……うどん 14日　朝……団子　昼……うどん、てんぷら、トウナス（カボチャ）の煮付　夜……白米飯、煮魚、キュウリもみ 15日　朝……あんころ餅　昼……うどん　夜……すし、煮しめ、煮魚 16日　白団子
8	15	十五夜	赤飯、煮しめ、団子
		彼岸	ぼたもち、団子
9	13	十三夜	赤飯、煮しめ、団子
10	10	じじん様	餅
	20	えびすっこ	赤飯、煮しめ
11		冬至	カボチャ、煮つけ、ユズの砂糖漬
12	1	かぴたれ	餅、汁粉
	13	すす払い	うどん
	27	松迎え	うどん
	30	大晦日	そば
		節分	白米飯、煮しめ、焼きいわし

（「鬼怒川流域（上河内）の季節素材の利用」『聞き書栃木の食事』農文協をもとに作成）
※彼岸、節分等太陽の動きをもとにした24節気は、旧暦の中では現在の暦より約1カ月早くなる。

◎参考資料

『子や孫に伝えたい　郷土の料理　とちぎ』栃木県農業者懇談会 2007 年
『ふるさとの味　とちぎの味』とちぎ食と農ふれあいフェア実行委員会

◎『ふる里の和食〜宇都宮の伝統料理〜』作成関係者・団体

料理作り	宇都宮伝統文化連絡協議会員　半田久江　有岡光枝 鈴木まち代　池田和江　金沢清人　手塚絹子 笹沼隆徳　笹沼春子　塩井イネ
農業士パートナー	林喜美子　横倉初枝　入江つや子
協力	池田貞夫（宇都宮伝統文化連絡協議会長） とちぎアグリプラザ　篠原美津子 宇都宮伝統文化連絡協議会　宇都宮市教育委員会

◎著者略歴

柏村祐司

宇都宮大学教育学部卒　栃木県立博物館人文課民俗担当学芸員として勤務、学芸部長退職　現在、宇都宮伝統文化連絡協議会顧問、日本民俗学会評議員等　主な著書に『聞き書栃木の食事』（共著）農文協、『栗山の昔話』随想舎 等

半田久江

栃木県農業短期大学校（現栃木県農業大学校）卒　栃木県庁入庁後主に生活改良普及員として農政関係部署に勤務。現在、宇都宮伝統文化連絡協議会理事

ふる里の和食　宇都宮の伝統料理

発 行 日　2015年11月25日

柏村祐司／半田久江／宇都宮伝統文化連絡協議会［編］

発　　行　有限会社 随想舎
〒320-0033 栃木県宇都宮市本町10-3 TSビル
TEL 028-616-6605　FAX 028-616-6607
振替　00360-0-36984
URL　http://www.zuisousha.co.jp/　E-Mail　info@zuisousha.co.jp

印　　刷　晃南印刷 株式会社

装丁・デザイン　栄舞工房

©Yuji Kashiwamura / Hisae Handa / Utsunomiya Dentobunkarenrakukyogikai
2015 Printed in Japan
ISBN978-4-88748-314-9